Taschenlexikon
der Heilsteine

Werner Kühni
Walter von Holst

Taschenlexikon der Heilsteine

AT Verlag

Hinweis des Verlages

Die Angaben in diesem Buch sind nach bestem Wissen und Gewissen zusammengestellt, und die beschriebenen Wirkungen der Steine wurden vielfach erprobt.

Da Menschen aber unterschiedlich reagieren, können der Verlag und die Autoren im Einzelfall keine Garantie für die Wirksamkeit oder Unbedenklichkeit der Anwendungen übernehmen. Bei gesundheitlichen Beschwerden wenden Sie sich bitte an Ihren Arzt oder Heilpraktiker.

AT Verlag, Baden und München
Fotos, Konzeption und Layout:
Nils Hoffmann, Visuelle Kommunikation, Mögglingen
Lithos: AZ Print, Aarau
Druck und Bindearbeiten: Stalling, Oldenburg
Printed in Germany

ISBN 3-85502-821-4

www.at-verlag.ch

Inhaltsverzeichnis

Inhaltsverzeichnis

Einführung in die Steinheilkunde

Die Steinheilkunde ist ein altes Heilwissen der Menschheit. Steine sprechen durch ihre Schönheit die Seele des Menschen an. In ihrer kristallinen Gestalt spürten die Menschen stets das Wirken weiser göttlicher Kräfte. Priester und Heiler setzten Steine ein, um Körper und Seele wieder in Einklang mit der universellen Ordnung zu bringen. Auch als Amulettschmuck wird die Bedeutung der Steine deutlich. Der kulturelle Fortschritt zeigt sich auch in der Fähigkeit des Menschen, Mineralien abzubauen und zu bearbeiten.

Die moderne Steinheilkunde basiert in der Tradition von Agricola auf den Erkenntnissen der Mineralogie. Wie von Michael Gienger aufgezeigt, besteht ein analoger Zusammenhang zwischen Entstehungsweise und Zusammensetzung des Steines und seinem Einfluss auf den Menschen. Dadurch ergibt sich eine in der therapeutischen Anwendung bisher nicht gekannte Nachvollziehbarkeit der Empfehlungen. In den letzten zehn Jahren kamen unzählige Menschen mit Heilsteinen in Berührung und trugen mit ihren Erfahrungen zu dem sich rasch ansammelnden Wissen bei. So ist die Aufnahme zahlreicher seltener Steine erstmals möglich und notwendig geworden.

Zur Gesundheitserhaltung, für Ihr Wohlbefinden und Ihre Entwicklung können Sie mit Steinen hervorragende Erfahrungen machen. Wenn Sie krank sind oder sich um Ihre Gesundheit Sorgen machen, suchen Sie einen Heilpraktiker oder Arzt auf. Bei ernsthaften Erkrankungen können Steine unterstützend zur ärztlich verordneten Therapie hinzugezogen werden. Dies sollte in Absprache mit einem erfahrenen steinheilkundlichen Gesundheitsberater geschehen, da keineswegs jedes Mineral bedenkenlos eingesetzt werden kann: Es gibt auch giftig und schwach radioaktiv wirkende Steine. Es ist wichtig, auf diese Steine hinzuweisen und einen bewussten Umgang mit ihnen zu ermöglichen.

Das vorliegende »Taschenlexikon« möchte Ihnen einen vollständigen Überblick über die Wirkungsweise der Heilsteine geben. Ausgeklammert wurde die Mineralogie, die Mineralogische Steinheilkunde, der Bezug zu Feng Shui, Homöopathie, Astrologie, den Chakren, Bachblütentherapie usw. Diese Themen sind ausführlich in der »Enzyklopädie der Steinheilkunde« behandelt.

Das »Taschenlexikon« ist so strukturiert, dass Sie sofort damit arbeiten oder sich ein Bild vom Wirkungsspektrum der 530 beschriebenen Heilsteine machen können. Dem Erfahrenen bietet es einen umfassenden Überblick auf dem neusten Wissensstand über das ständig wachsende Angebot an Heilsteinen.

Die Angaben zur Wirkung sind als Anregung für eigene Beobachtungen zu verstehen. Wissen entwickelt sich ständig weiter, Aussagen werden ergänzt, präzisiert und in seltenen Fällen sogar korrigiert. Angaben zu besonders seltenen Mineralien sind im Gegensatz zu den gut erforschten und häufig verwendeten Steinen recht ungesichert. Die Autoren freuen sich über Erfahrungen und Hinweise aus der Leserschaft zu weniger bekannten Steinen.

Kristallsystem und Strukturtyp

Das Kristallsystem beschreibt die Regelmäßigkeit und Ordnung im atomaren Aufbau eines Minerals. Jeder Mensch lässt sich einem analogen menschlichen Strukturtypus zuordnen, dessen Lebensstil und Charakter sich aus der Beobachtung und den geometrischen Eigenheiten des Kristallsystems herleitet.

Kubisch: plant sein Leben und seine Projekte konsequent durch; strebt nach Kontrolle und Sicherheit; sehr beharrlich in seinen Gepflogenheiten, unflexibel, pflegt großen Verwaltungsaufwand; verliert bei Unvorhergesehenem das Konzept.

Hexagonal: beschränkt sich auf das Wesentliche, bewirkt Effizienz; auf große Ziele ausgerichtet; strebt Ideale ausdauernd an, ist sehr sicherheitsbewusst, Gefahr der Rücksichtslosigkeit, Uneinsichtigkeit und Fixiertheit; differenziert wenig.

Trigonal: denkt und handelt praktisch, realistisch und vernünftig, ist gleichzeitig bequem; weiß viel mehr, als er umsetzen mag; baut viele soziale Kontakte auf; liebt das Vertraute; verdrängt Unliebsames und projiziert nach außen; ist meist nur Mitläufer.

Tetragonal: ist wissbegierig mit hoher Unterscheidungsfähigkeit; Organisationstalent; handelt aus dem Bauch heraus, argumentiert sehr rational; identifiziert sich mit Rollen und baut Fassaden auf; denkt formalistisch.

Rhombisch: ist gewissenhaft, sozial und anpassungsfähig, besitzt Sinn für Ästhetik und Eleganz, ist bescheiden, nachgiebig, will es jedem recht machen, kann oft nicht durchsetzen, was die innere Stimme fordert.

Monoklin: ist risikobereit, geprägt durch unterschiedliche Lebensphasen, folgt seinen Interessen mit Leidenschaft; hat Entscheidungsschwierigkeiten oder steigert sich in etwas hinein, eigensinnig.

Triklin: unterliegt häufigen Gefühls- und Stimmungsschwankungen, große Reife- und Entwicklungsmöglichkeit, Empfindungstiefe; sehr differenzierte soziale Kontakte; irrational, große Beeinflussbarkeit mit Opferhaltung.

Amorph: lebt aus dem spontanen Impuls heraus ohne Gedanken an die Vergangenheit oder Zukunft; ist kindlich frei, ungezwungen, unberechenbar, macht sich nicht abhängig; gilt als unzuverlässig und braucht viel Freiraum.

Diese grundlegende geistige Prägung ist dauerhaft. Ob Sie in Ihrem Leben Erfüllung und Glück erfahren, hängt nicht davon ab, ob Sie einem stärker geordneten Strukturtyp angehören, sondern davon, was Sie aus Ihrem Typus machen.

Steine des eigenen Kristallsystems helfen, der eigenen Struktur gemäß zu leben und die eigene Stärke zu entfalten, Steine anderer Kristallsysteme erweitern den Horizont und helfen, bestimmte Schwachpunkte auszugleichen. Diese kurze Zusammenfassung wird kaum ausreichen, Ihren Strukturtyp zu bestimmen, hilft Ihnen aber, sich einen Überblick zu verschaffen. Mehr zu den Kristallsystemen erfahren Sie in der »Enzyklopädie der Steinheilkunde«.

Finden des passenden Steins

Denken Sie kurz an das Problem, das Sie lösen möchten, oder an die Person, der Sie etwas Gutes tun wollen. Lassen Sie den Blick über Ihre Steinsammlung oder die Ihres Händlers schweifen. Jener Stein, der aufzuleuchten scheint, Ihnen ins Auge sticht oder Ihnen einfach besonders gut gefällt, ist der richtige. Vermutlich werden Sie beim Nachschlagen feststellen, dass »es passt«. Diesen Stein sollten Sie erwerben und in Ihrer Nähe haben. Hören Sie auf Ihr Gefühl und Ihre Intuition, wie lange Sie ihn für dieses Thema anwenden sollen. Wenn der Erfolg eingetreten ist oder ein anderer Stein Sie in dieser Sache weiter begleitet, bedanken Sie sich.

Kein noch so vollständig ausgestattetes Fachgeschäft kann gleichzeitig alle in diesem »Taschenlexikon« aufgeführten Steine bereithalten. Daher ist es oft besser, sich an dem tatsächlichen Bestand eines Ladens zu orientieren und dort mit Hilfe des Buches den optimalen Stein zu ermitteln, als landesweit nach einer ausgefallenen Rarität zu fahnden.

Anwendung der Steine

Gehen Sie respektvoll mit den Steinen um. Sie sind oft viele tausend Jahre alt und haben im Laufe ihrer Entstehung vielfältige Erfahrungen gemacht. Versuchen Sie sich vorzustellen, der Stein wäre ein intelligentes Wesen, das auf Sie eingeht, Sie vielleicht sogar »verstehen« kann. Er verfügt in jedem Fall über Fähigkeiten, die er Ihnen gerne zur Verfügung stellt. Die Basis dieser Beziehung ist Sympathie, die Gegenleistung ist etwas Pflege (siehe Seite 11). So bleibt Ihnen der Stein lange erhalten.

Steine geben Ihrem Organismus klare Impulse. Um sich nicht zu überfordern, sollten Sie sich entscheiden, ob Sie den Stein lieber tagsüber oder lieber nachts einsetzen. In der Regel ist eine Anwendung tagsüber sinnvoller. Man kann durchaus mehrere Steine im gleichen Zeitraum einsetzen, aber nicht alle zur gleichen Zeit am gleichen Platz. Zum Beispiel wäre es möglich, einen Stein über Tag aufgeklebt, einen nachts im Bett, einen zum Schmuck, einen in Form von Heilsteinwasser wirken zu lassen.

Grundsätzlich sollten Sie, wenn Sie mit Steinen arbeiten, ausreichend reines Wasser trinken. Die Heilwirkung der Steine ist dann wesentlich stärker. Wenn Sie tagsüber Steine tragen, sorgen Sie für ausreichenden und ungestörten Schlaf.

Hosentasche

Die meisten Steine kann man – am besten in der Hosentasche oder als Anhänger an einem Lederband – bei sich tragen; gewöhnlich geschieht dies über einen Zeitraum von 4 bis 6 Wochen. Steine, die dafür zu brüchig oder zu klein, oder solche, die giftig sind, kann man in einen Beutel einnähen. Für radioaktive Steine ist diese ansonsten hervorragende Methode allerdings nicht zu empfehlen.

Wenn man einen Stein bei sich trägt, macht man sich zum Kanal für alle Lebensäusserungen des Steines. Der Stein wird zum Filter Ihrer Wahrnehmungen, er beeinflusst Ihre Stimmungen und Ihr Verhalten.

Meditation

Die Meditation ist mit jeder Sorte Stein möglich. Sie hilft Ihnen, sich mit den seelischen und spirituellen Eigenschaften des Steines zu verbinden und einen ganz persönlichen Kontakt aufzubauen. Stellen Sie dazu das Mineral so vor sich hin, dass Sie es bequem betrachten können. Dämpfen Sie das Licht und sorgen Sie dafür, dass Sie nicht gestört werden. Legen Sie einen zeitlichen Rahmen für Ihre Begegnung mit dem Stein fest (am besten stellen Sie den Wecker). Tauchen Sie ein in das Mineral,

erwarten Sie nichts und stellen Sie Ihre Fragen.

Aufkleben

Wenn Sie gezielt ein bestimmtes Organ in seiner Tätigkeit unterstützen oder die Heilung einer Verletzung beschleunigen wollen, also vorrangig organspezifische Wirkungen erzielen möchten, befestigen Sie den ermittelten Stein so nahe wie möglich an der betreffenden Stelle, sei es durch Aufkleben mit Verbandspflaster, durch Einbinden oder durch entsprechende Kleidungsstücke, die den Stein am entsprechenden Ort auf der Haut halten. Achten Sie darauf, dass die Blutzirkulation nicht behindert wird und Sie sich zumindest tagsüber in Ihren Bewegungen nicht eingeschränkt fühlen. Um die Anwendung ohne Unterbrechung durchführen zu können, besorgen Sie sich zwei Steine der gleichen Sorte, damit Sie einen täglich zum Reinigen auswechseln können.

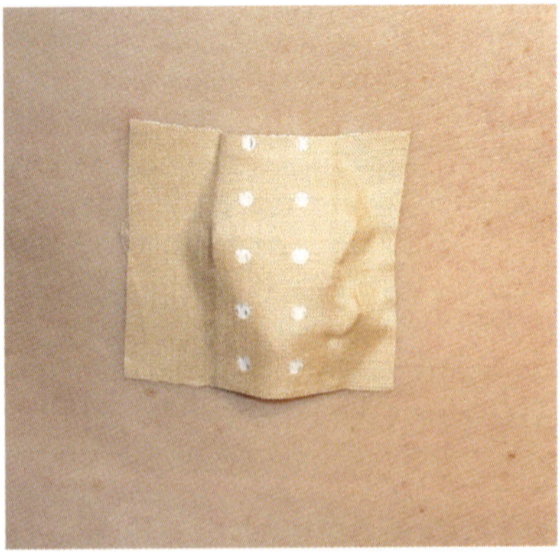

Steinkreis

Steinkreise sind eine hervorragende Möglichkeit, die Meditation zu vertiefen. Sie helfen, sich von äußeren Einflüssen abzuschirmen, stärken das eigene Energiefeld und bauen ihre ganz spezielle Atmosphäre und Stimmung auf. Der geistige Aspekt der verwendeten Steinsorte (Talente, Einstellungen, Einsichten) überträgt sich auf Ihre Aura. Körperliche Wirkungen bleiben eher im Hintergrund.
Sie brauchen mindestens vier, besser acht möglichst ähnliche Steine einer Sorte. Legen Sie die Steine in einem Ihnen angenehmen Abstand auf den Boden, achten Sie dabei auf Ihr Gefühl und verändern Sie den Radius so lange, bis Sie sich stark und ausgeglichen fühlen. Ist der Kreis zu groß, sinkt der Blutdruck, und man fühlt sich etwas verloren; ist er zu klein, steigt der Blutdruck, man fühlt sich beengt.

Schmuck

Von Künstlerhand veredelt zeigt sich der Stein als Schmuck von seiner besten Seite und unterstreicht auf besondere Art Ihre Persönlichkeit. Der passende Steinschmuck bringt Anerkennung, macht einen guten Eindruck und hebt das Selbstwertgefühl. Darüber hinaus bewirken Steine das im Menschen, was sie symbolisieren (verkörpern). Steinschmuck muss nicht teuer, sollte aber schön und typgerecht sein.

Innerliche Anwendung

Die Einnahme von Edelstein-Elixieren (die im Übrigen auch äußerlich sehr gut angewendet werden können) wirkt auf den gesamten Stoffwechsel. Vorteilhaft ist oft die Kombination mit einem lokal aufgeklebten Stein. Zur einfachen Herstellung eines Elixiers können Sie den ermittelten Stein über Nacht in ein Glas reines Wasser einlegen, das Sie dann schluckweise über den nächsten Tag verteilt trinken; der Stein kann dabei im Glas verbleiben. Sehr wirkungsvolle, weiter aufbereitete Elixiere gibt es auch fertig zu kaufen. Steine, aus denen Sie sich aufgrund stofflicher Löslichkeit, kein Wasser selbst herstellen sollten, sind entsprechend markiert.

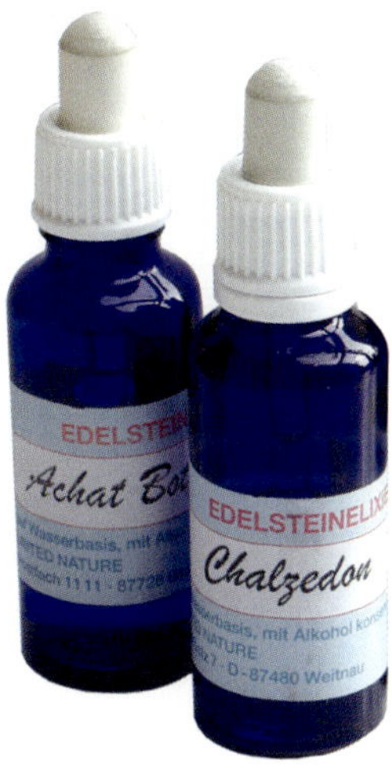

Massage

Mit den Heilstein-Massagegriffeln nach dem Reflexzonentherapeuten Ewald Kliegel, aber auch mit länglichen Trommelsteinen, kann man wunderbar auch durch die Kleidung massieren. Zum Massageeffekt kommt die energetische Wirkung der jeweiligen Steinsorte hinzu. Bereits durch sanftes Darüberstreichen lässt sich eine tiefe Entspannung erfahren.

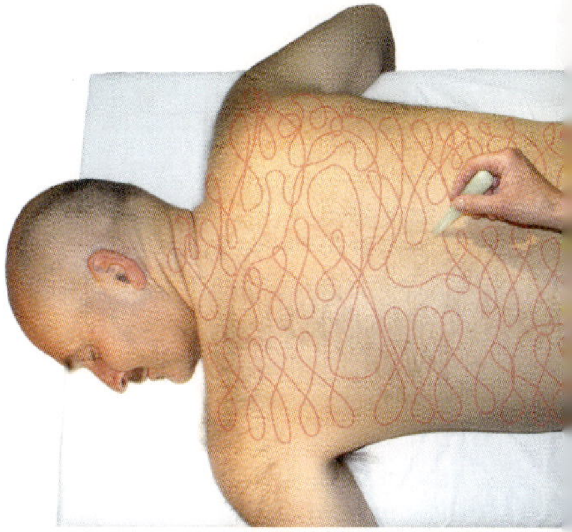

Massagetechnik »Die liegende Acht«: Der Rücken wird mit dem Massagegriffel sanft in Schleifen, Schlingen und Achten massiert.

Pflege der Heilsteine

Mineralien scheinen fest und ewig, doch sie können sich verändern: Bei Bergkristallen können sich kleine Fehler und Sprünge auswachsen, milchige Partien klar werden, bei anderen Sorten kann sich die Farbe intensivieren oder auch verlieren. Trübungen, Schweregefühl oder das Gefühl von Klebrigkeit können die Folge unterlassener Pflege sein. Anzeichen können auch sein, dass Sie vergessen, den Stein einzustecken, eine Abneigung gegen ihn verspüren, dass er für eine Weile rätselhaft verschwindet oder gar entzweibricht, weil er von Ihnen zu viel »energetische Schlacken« aufgenommen hat und nicht gereinigt wurde.

Heilsteine, die therapeutisch eingesetzt wurden, sollten nach jeder Anwendung zunächst durch Abwaschen von der aufgenommenen Ladung befreit, dann auf der Informationsebene gereinigt werden und erst anschließend mit frischer Energie aufgeladen werden, damit nicht die falschen Informationen zur Wirkung kommen.

Entladen

Entladen mit fließendem Wasser

Durch Abspülen des Steines während etwa einer halben Minute unter fließendem Wasser werden die aufgenommenen »energetischen Schlacken« abgeleitet. Ausgenommen von dieser Behandlung sind Mineralien mit poröser und empfindlicher Oberfläche (mit Eiskristall-Symbol gekennzeichnet) sowie Ketten; diese können im Eisfach kältegereinigt werden.

Entladen im Eisfach

Der Stein oder die Kette wird, eventuell auf einer Unterlage oder in einer Tüte, für etwa zwei Stunden ins Gefrierfach gelegt. Das dadurch bewirkte Zusammenziehen des Kristallgitters drängt die Ladung sozusagen hinaus. Der Stein fühlt sich anschließend erfrischt an.

Reinigen der Informationsebene

Beim Abbau, dem Transport und der Verarbeitung kann der Stein belastende Erfahrungen angesammelt haben. Viele Menschen mit den unterschiedlichsten Einstellungen haben ihn schon in der Hand gehalten. Um diese Information aus dem »Gedächtnis« des Steins zu löschen, muss er gereinigt werden. Dazu gibt es verschiedene Möglichkeiten.

Reinigen mit dunklem Amethyst

Je dunkler die Amethystdruse, um so tiefgreifender ist ihre reinigende Wirkung. Am stärksten wirken die seltenen schwarzen, eisenhaltigen Amethyste aus Indien. Der Heilstein kann gut über Nacht in einer Druse liegen bleiben. Die Reinigung auf einem Drusenstück ist nicht so intensiv wie in einer Druse, da dann die Strahlung nur

aus einer Richtung einwirkt. Die Amethystreinigung kann niemals schaden, wirkt jedoch nicht bei vielen stark metallischen, besonders dichten und sehr harten Steinen.

Reinigen in Hämatitsteinchen

Dazu wird der Stein oder die Kette direkt in Hämatit-Ministeinchen gelegt. Bereits nach zwanzig Minuten ist der so eingelegte Stein auf der Informationsebene gereinigt. Dies bedeutet konsequenterweise auch, dass Hämatit und Magnetit nicht mit anderen Steinen zusammengebracht werden dürfen, da die Steine dadurch ebenfalls entladen werden. Dies trifft auch auf Tikras oder Ketten zu.

Reinigen in Hämatit-Steinchen

Aufladen der Steine (Energieebene)

Da die Wirkungsintensität der Heilsteine in Zusammenhang mit der aufgenommenen Energie steht, sollten gereinigte und entladene Steine vor einer Steinbehandlung wieder aufgeladen werden.

Aufladen mit Sonnen- oder Mondlicht

Die klassische Form der Aufladung erfolgt mit Lichtenergie, vor allem mit Sonnenlicht oder wenn angezeigt mit Mondlicht. Dabei wirkt die Sonne am Vormittag am stärksten aufbauend. Die auslaugende Mittagssonne sollte vermieden werden. Die aufladende Wirkung kann verstärkt werden, indem der Stein in eine Bergkristallgruppe gelegt dem Sonnenlicht ausgesetzt wird.

Aufladen mit Bergkristall

Ersatzweise können Steine mit Bergkristall energetisiert werden. Zum Aufladen eines Steins verwendet man am besten eine Bergkristallgruppe mit vielen Spitzen oder Bergkristall-Minitrommelsteinchen. Die entladenen Heilsteine werden für mehrere Stunden auf den Bergkristall oder in eine Schale mit Mini-Trommelsteinchen gelegt. Bergkristall gibt die von ihm aufgenommene Sonnenenergie an andere Steine ab.

Es gibt zahlreiche weitere Methoden der energetischen Reinigung, die in bestimmten Situationen sinnvoll sind. Die hier aufgezeigten Formen sind jedoch sicher und lassen sich mit einfachen Mitteln umsetzen.

Verfügbarkeit und Preis

Steine sind eigenwillige Geschenke der Natur. Ihre Verfügbarkeit unterliegt oft großen Schwankungen, je nachdem, was in welchen Minen oder Fundstellen zur gegebenen Zeit gefunden und abgebaut wird. Die entsprechende Angabe bei den einzelnen Steinen ist daher nicht als absolut anzusehen. Sie soll lediglich helfen, die Chance einzuschätzen, einen gewünschten Heilstein in absehbarer Zeit im Handel zu finden. Auch korreliert die Verfügbarkeit nicht immer mit der Seltenheit eines Minerals. Seltene Steine größerer Beliebtheit sind oft besser verfügbar als häufiger vorkommende, jedoch weniger bekannte Steine.
Im Einzelnen wurde die Verfügbarkeit folgendermaßen definiert:
häufig: seit längerer Zeit ununterbrochen in großer Menge und verschiedenen Verarbeitungsformen verfügbar. In absehbarer Zeit sind keinerlei Lieferengpässe in den gängigen Verarbeitungsformen zu erwarten. Diese Steine sind in den meisten Steineläden erhältlich.
gering: nicht immer verfügbar. Oft treten Lieferengpässe auf, beziehungsweise nur wenige Verarbeitungsformen sind eingeschränkt verfügbar. Die Ressourcen sind unbeständig oder begrenzt. Diese Steine sind im gut sortierten Heilsteinhandel erhältlich.

selten: schlecht verfügbar. Häufige, längere Lieferengpässe. Nur in ganz wenigen Verarbeitungsformen gelegentlich verfügbar. Die Ressourcen sind sehr eingeschränkt; für einige dieser Steine gibt es nur minimale Ressourcen, oder die bekannten Fundstätten sind bereits vollständig erschöpft oder geschlossen. Diese Steine sind meist nur im spezialisierten Heilsteinfachhandel erhältlich.

Grundsätzlich gilt, dass Qualität ihren Preis hat, wobei die therapeutische Wirkung keinen Einfluss auf die Preisbildung hat. Die Seltenheit des Materials, der Verarbeitungsaufwand und die Transportkosten bestimmen den Preis mit, der vom Händler so weit als möglich auf den allgemeinen Marktpreis abgestimmt wird. Durch den Boom der Sammlermineralien und Heilsteine in den USA sowie den nahezu unermesslichen Markt in China werden auch in Europa Steine der mittleren und gehobenen Preisklassen weiter im Preis steigen; Spitzenqualitäten erreichen Europa schon seit Jahren nicht mehr.
Wenn Sie sich überlegen, was Sie mit Hilfe von Steinen für sich und Ihr Leben erreichen können und wie viel Sie sonst für Ihre Gesundheit, Ihr Wohlbefinden und Ihre Selbstverwirklichung ausgeben, erkennen Sie, dass Mineralien ein optimales Preis-Leistungs-Verhältnis aufweisen.

Symbolerklärungen

- kann in der Tasche getragen werden
- nicht ins Trinkwasser einlegen
- zur Massage geeignet
- für Steinkreise geeignet
- als Schmuck erhältlich
- aufladen in der Sonne
- nicht in die Sonne legen
- im Eisfach kältereinigen
- nicht mit Wasser reinigen
- aufladen im Mondlicht
- giftig
- das Mineral kann schwach radioaktiv sein

- kubisch
- hexagonal
- trigonal
- tetragonal
- rhombisch
- monoklin
- triklin
- amorph

Die mit * gekennzeichneten Mineralien sind ausführlich beschrieben in der »Enzyklopädie der Steinheilkunde«, AT Verlag, Baden.

Heilstein-ABC

♦ Abalone, Paua Muschel, Perlmutt

Körperlich: schützt, pflegt und wirkt reizlindernd auf empfindliche Haut und Schleimhaut, entspannt die Augen.
Seelisch: hilft Niedergeschlagenheit, Unsicherheit und Enttäuschung zu überwinden; vermittelt Heiterkeit, Leichtigkeit und hilft sich vertrauensvoll dem Leben zu öffnen. Hilft im Umgang mit sich selbst und anderen Grenzen zu respektieren.
Verfügbar: häufig.

▲ Achat*, allgemein

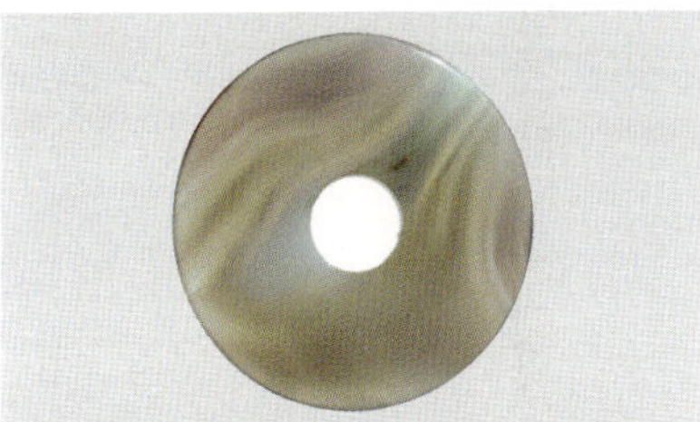

Körperlich: schützt die Haut bei Umweltbelastungen; wirkt auf die Körperflüssigkeiten; regt die Entgiftung des Gewebes an, stärkt die Verdauung und die Ausscheidung; stimuliert das Immunsystem; wirkt schmerzlindernd und entspannend; stärkt und regeneriert alle aus mehreren Gewebeschichten bestehenden Organe; wirkt auf jenes Organ und hilft gegen jene Erkrankung, an welche er durch seine Erscheinung erinnert.
Seelisch: vermittelt Schutz, Sicherheit und Geborgenheit; stärkt mittelfristig das Selbstvertrauen durch größere Unabhängigkeit von Bewertungen anderer; zerstreut Schwermut, Sorgen, Spannungen und Zweifel, fördert den Rückzug und die Verinnerlichung, regt die Bilderwelt an; macht jedoch realistisch und hilft Probleme pragmatisch und möglichst einfach zu lösen; hilft sich auf Wesentliches zu beschränken und Ablenkungen zu ignorieren; stabilisiert psychisch und richtet die Aura aus.

▲ Achat, Augen-Achat

Körperlich: stärkt die Blutgefässe; hilft bei organischen Augenerkrankungen, Augenermüdung, besonders bei trockenen, brennenden Augen; ist angezeigt bei Bindehautentzündung, Netzhautreizungen, drohender Netzhautablösung; Gerstenkorn sowie grünem Star und Prostatabeschwerden.
Seelisch: unterstützt die Konzentration, hilft bei Wortfindungsstörungen; fördert den Gemeinschaftssinn; stärkt die Widerstandskraft und hilft Standfestigkeit zu bewahren.
Verfügbar: häufig.

▲ Achat, Band-Achat

Körperlich: entzündungshemmend, hautberuhigend, schützt alle Organe, insbesondere Haut und Darm; bessert die Elastizität der Gefäßwände und beugt Krampfadern vor; mildert asthmatische Erscheinungen; bessert Gleichgewichtsstörungen.

Seelisch: hilft gegen Albträume; harmonisiert und schützt die Aura; hilft sein Revier zu sichern; gibt ein »dickes Fell« und hilft besser mit Stress umzugehen.
Verfügbar: häufig.

Achat, bläulich

Körperlich: kühlend und fiebersenkend, entzündungshemmend und reizlindernd; hilft bei Blutergüssen, Brandwunden sowie bei Schilddrüsenunterfunktion.
Seelisch: hilfreich bei depressiven Verstimmungen und dem Gefühl der Aussichtslosigkeit.
Verfügbar: selten.

Achat, Blut-Achat

Körperlich: mildert Allergien und Appetitlosigkeit; wirkt Durchblutungsstörungen und kalten Fingern entgegen.

Seelisch: aktivierend bei Antriebslosigkeit; hilft klar umrissene Vorhaben anzupacken.
Verfügbar: gering.

Achat, Botswana

Körperlich: bessert Hautausschläge und Ekzeme; wird bei Störungen des zentralen Nervensystems eingesetzt; schützt das Kind in der Schwangerschaft.
Seelisch: verhilft zu größerer Wahrnehmungsfähigkeit; bereichert die Fantasie; hilft seinen Lebensrhythmus zu finden; unterstützt den Gefühlsausdruck.
Verfügbar: gering.

Achat, Dendriten-Achat

Körperlich: bessert Bindegewebsschwäche und hilft bei Entschlackung des Gewebes; wird bei Haut-, Schleimhaut-, Lungen- und Darmbeschwerden eingesetzt.

Seelisch: hilft seelische Belastungen und Verletzungen zu überwinden; hilft Störungen aufzulösen.

Verfügbar: gering.

Achat, Feuer-Achat

Körperlich: bessert epileptische Anfälle; reguliert die Ausscheidung bei Darmbeschwerden, insbesondere Blähungen, Durchfall, Verstopfung; bessert chronische Entzündung.

Seelisch: bringt Kraft für Initiative, macht extrovertiert, bringt innere Fröhlichkeit und Zufriedenheit; unterstützt positives Denken; verbessert die Beziehung zum eigenen Körper.

Verfügbar: selten.

Achat, Festungs-Achat

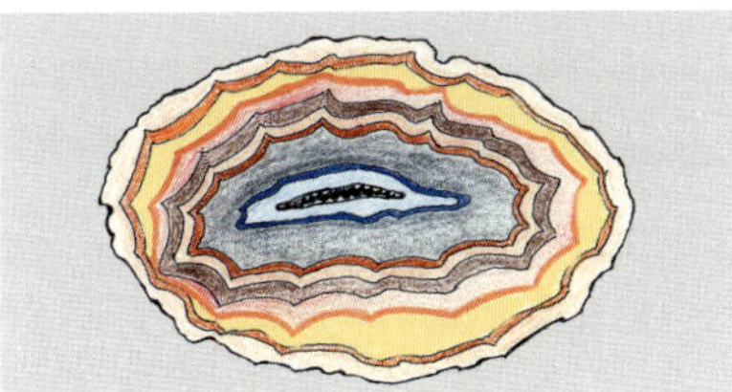

Körperlich: bessert Blasenentzündung und Inkontinenz, lindert Insektenstiche.

Seelisch: vermittelt Schutz und Geborgenheit, löst Spannungen, macht stabiler gegen äußere Einwirkungen, fördert das logisch-rationale Denken sowie die analytische Fähigkeit, hilft pragmatische Lösungen zu finden.

Verfügbar: häufig.

Achat, Flammen-Achat

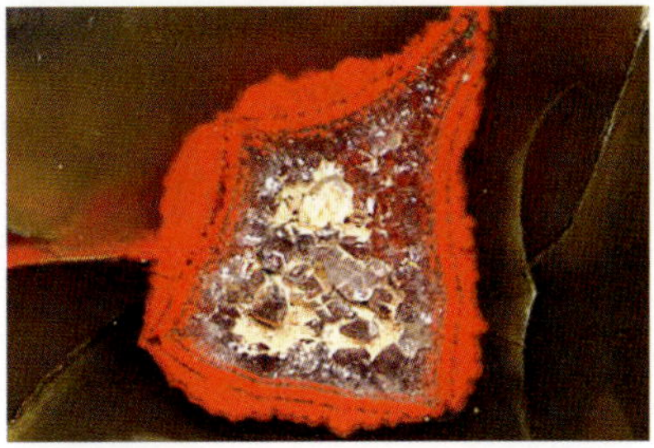

Körperlich: fördert den Lymphfluss; hilft bei Grippe, Gebärmutterentzündung und Hautrissen.

Seelisch: belebt das Denken, motiviert und begeistert.

Verfügbar: gering.

Achat, Fleisch-Achat

Körperlich: fördert die Durchblutung innerer Organe und regt den Kreislauf an; mildert Allergien und Appetitlosigkeit; wirkt Durchblutungsstörungen und kalten Fingern entgegen; stimuliert die Tätigkeit von Magen, Darm und Blutgefäßen.

Seelisch: hilft eigene Fähigkeiten zu entwickeln; gibt Durchhaltevermögen, Entschlossenheit und Standfestigkeit; festigt die eigenen Überzeugungen, aktivierend bei Antriebslosigkeit; hilft klar umrissene Vorhaben anzupacken.

Verfügbar: häufig.

Achat, weiß, Friedens-Achat

Körperlich: bessert Heuschnupfen und Hormonstörungen; regt den Lymphfluss an; schützt in der Schwangerschaft; bessert Augen und Gehirn.
Seelisch: bewirkt ein gelassenes und beschauliches Betrachten des Lebens; unterstützt die bewusste Verarbeitung der Erfahrung; fördert Reinheit und Wohlwollen, Geduld und Einsicht; wirkt gegen Aggressionen.
Verfügbar: häufig.

Achat, Korallen-Achat

Körperlich: fördert Regeneration, wirkt belebend; regt die Zellaktivität an.
Seelisch: stärkt die soziale Ader, hilft aber selbst nicht zu kurz zu kommen; macht bodenständig; hilft bei der Bewältigung des Alltags.
Verfügbar: selten.

Achat, Lace Achat

Körperlich: regt den Gewebsstoffwechsel an, wird bei Infektionen, Insektenstichen, Krampfadern und Hämorrhoiden sowie bei Juckreiz eingesetzt.

Seelisch: belebt und inspiriert das bildhafte Denken sowie die Fantasie; fördert die Kreativität.
Verfügbar: häufig.

Achat, rosa

Körperlich: herzstärkend, fiebersenkend durch Schweißbildung; hilfreich bei Entzündungen; regt die Nährstoffaufnahme im Darm sowie Stoffwechsel und Kreislauf an; wirkt sanft belebend und anregend.
Seelisch: hilft Frieden und Trost zu finden; stärkt das Positive im Menschen.
Verfügbar: gering.

Achat, Schlangenhaut-Achat

Körperlich: gegen atrophischen Hauttörungen; fördert die Zirkulation der craniosakralen Flüssigkeit; stärkt den Lymphfluss; hilft bei Störungen des Gehirns; verbessert trockene Augen und Schleimhäute; unterstützt das Abhusten und mildert die Reizbarkeit bei allergischem Asthma.

Seelisch: fördert Gelassenheit, Toleranz und Verständnis, vermittelt Offenheit und hilft gleichzeitig bei sich zu bleiben; hilft seinen Weg zu gehen, ohne anzuecken.
Verfügbar: selten.

Achat, Trümmer-Achat

Körperlich: bessert die Empfindlichkeit bei Wetterfühligkeit; beschleunigt die Heilung von Brüchen und Gewebsverletzungen.
Seelisch: hilft mit großen Veränderungen der Lebensumstände zurechtzukommen, Verluste, Zerstörung und seelische Verletzungen zu verarbeiten.
Verfügbar: häufig.

Achat, Uruquay-Achat

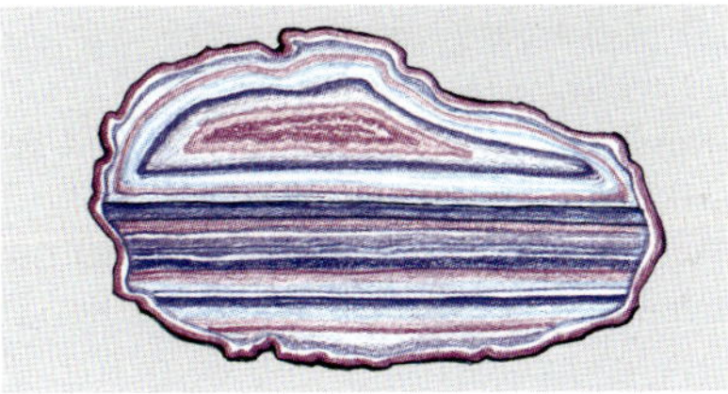

Körperlich: unterstützt bei Gelenkschwellungen, hilft Lymphflüssigkeit abzutransportieren; stärkt die Sinne, besonders den Tastsinn.
Seelisch: vermindert Stress, mildert Enttäuschungen und Verbitterung.
Verfügbar: häufig.

Achat, Wasser-Achat, Enhydro

Körperlich: gilt als bester Schwangerschaftsschutzstein; reguliert den Wasser- und Hormonhaushalt; erfrischt und belebt die Haut.
Seelisch: ermöglicht stille Freude und Vertrauen; fördert das innere Kind, macht unbefangen; fördert Geborgenheit und innere Ruhe; verbessert das Einfühlungsvermögen.
Verfügbar: selten.

Achat, weiß-schwarz, Zebra-Achat

Körperlich: verbessert Motorik, Gehör- und Gleichgewichtssinn bei Kleinkindern; mindert Reizbarkeit der Haut; verbessert die Elastizität, gut bei Rissen.
Seelisch: verbessert die Genauigkeit und stärkt das Verantwortungsgefühl; stärkt die Konsequenz des Denkens und Handelns; hilft Dinge reifen zu lassen.
Verfügbar: gering.

Adamin*

Körperlich: verbessert die Lungendurchblutung; wirkt regenerierend auf Haut und Schleimhäute; beschleunigt die Rekonvaleszenz nach schweren Erkrankungen; schärft die Wahrnehmung (Augen, Geschmack, Gehör).
Seelisch: sorgt für innere Kraft bei emotionalen Problemen; stärkt den Selbstausdruck, hilft Neues zu wagen; verbindet den Verstand mit dem Gefühl; schenkt tiefe Visualisationskraft.
Verfügbar: gering.

Adular*

Körperlich: verbessert die Sehfähigkeit im Alter, lockert die Muskulatur, macht reaktionsschnell und wach; hilft bei Herzbeschwerden und Beklemmungen in der Brust; beugt altersbedingten Organveränderungen vor; schützt die Haut vor Austrocknen.
Seelisch: fördert Hingabe an ein Ziel oder einen Menschen; hilft sich im Leben führen zu lassen, ohne selbst Verantwortung abzugeben; macht sensible und sensitive Menschen lebenstüchtig; steigert die Lebensfreude; hebt die Stimmung, wirkt antidepressiv und macht optimistisch; verfeinert die Wahrnehmung der Sinne.
Verfügbar: gering.

Ägirin*

Körperlich: wird erfolgreich bei Nerven-, Knochen- und Muskelschmerzen, insbesondere bei Schmerzen der Lendenwirbelsäule und der Schultern eingesetzt; sorgt für schnelle und an-

dauernde Linderung bei Verspannungen, entlastet bei Fersensporn; wird zur Narbenentstörung eingesetzt und bringt die Energie wieder ins Fließen, reduziert Überreaktionen des Immun- und Hormonsystems.
Seelisch: gibt die Stärke, sich vom Gruppenzwang zu befreien; kann blockierte Gefühle lösen sowie eigene Einstellungen überprüfen und akzeptieren helfen; hilfreich bei Trennungen oder Trauer; kann gegen Mobbing eingesetzt werden; hilft ehrlich zu sich zu stehen; vermittelt Gelassenheit und Ausdauer.
Verfügbar: selten.

Aktinolith*

Körperlich: regt die Funktion der Leber- und Nierentätigkeit an; fördert die Aufbau- und Wachstumsprozesse; stärkt die allgemeine körperliche Verfassung.

Seelisch: wirksam bei Entscheidungsschwierigkeiten; bringt eigene Fähigkeiten ins Bewusstsein; ermöglicht innere Ausgeglichenheit, hilft Fehler und Missverständnisse zu erkennen und daraus zu lernen; unterstützt geistige Neuorientierung und hilft sich unangenehmen Herausforderungen zu stellen.
Verfügbar: gering.

Aktinolith-Quarz

Körperlich: fördert Leber- und Nierentätigkeit, aktiviert den Stoffwechsel, fördert Entgiftung und Ausscheidung.
Seelisch: hilft aus Fehlern zu lernen, aus der Not eine Tugend zu machen und Gelegenheiten zu ergreifen. Fördert Selbsterkenntnis, Klarheit und Konsequenz.
Verfügbar: selten.

Albit*

Körperlich: lindert Augenbeschwerden; harmonisiert Zellwachstum und den arteriellen Blutstrom; entsäuert das Gewebe, verbessert die Haut, fördert die Beweglichkeit der Muskeln, entspannt das Bindegewebe, verleiht Geschmeidigkeit, hilft bei Gehstörungen.
Seelisch: lindert Trauer; reduziert die Angst vor dem Unbekannten; hilft, neue Lebensperspektiven zu sehen und sich zu öffnen; verstärkt den Willen zur Zusammenarbeit; erweitert die persönliche Freiheit durch verbesserte Wahrnehmung, gibt Entschlossenheit und Selbstvertrauen.
Verfügbar: gering.

Alunit*

Körperlich: stillt schwach blutende Wunden; lindert hartnäckige Ekzeme und nässende Hautausschläge sowie chronische, festsitzende Entzündungen; bessert Magenbeschwerden durch Übersäuerung; hilft bei Strahleneinwirkungen.
Seelisch: gegen Ängste, Beklemmung, Aussichtslosigkeit und Schuldgefühle; fördert Genügsamkeit und Zurückhaltung; schenkt Zufriedenheit.
Verfügbar: gering.

Amazonit*

Körperlich: wirkt krampflösend bei Geburtsschmerzen und Menstruationsbeschwerden; fördert die Öffnung des Muttermunds bei schwierigen Geburten; mildert Herzrhythmusstörungen; löst Muskel- und Nackenschmerzen; bessert die Rekonvaleszenz bei schweren Erkrankungen.

Seelisch: löst durch Trauer und Kummer verursachte Blockaden, gleicht Stimmungsschwankungen aus und wirkt bei depressiver Verstimmung Opferhaltungen entgegen; regt an, das eigene Leben in die Hand zu nehmen. Bringt Verstand und Gefühl in Einklang.
Verfügbar: häufig.

Amblygonit*

Körperlich: wird zur Verbesserung der Sehkraft, bei Gehstörungen und genetisch bedingten Störungen eingesetzt.
Seelisch: wirkt beruhigend; fördert das Verständnis, wenn eine Beziehung zu Ende geht und kann helfen, das Unangenehme dabei zu ertragen; löst gegensätzliche Emotionen und konfliktreiche Gefühle.
Verfügbar: gering.

Amethyst, allgemein*

Körperlich: reinigt die Haut bei Pickeln, Mitessern, Ausschlägen, Schuppenflechte und Warzen; hilft bei Erkrankungen der Atemwege und der Lunge, besonders am Anfang einer Erkältung; wirkt schmerzlindernd; beugt Kopfschmerzen vor; unterstützt die Darmtätigkeit und hilft bei Störungen der Darmflora.

Seelisch: macht ehrlich, nüchtern, etwas kritisch, sehr bewusst, erleichtert Entscheidungen, stärkt die Konzentration und hilft in die Lernstimmung zu kommen, fördert Disziplin, Aufarbeitung von Erfahrungen und Erkenntnisdrang; befreit von unreflektierten Haltungen, verhindert das Übernehmen von unbewussten Mustern und Energien anderer Menschen; reinigt als Druse die Atmosphäre eines Raumes.

Amethyst, dunkel

Körperlich: hemmt Entzündungen des Ellenbogen und des Knies; reinigt die Haut bei Pickeln, Ausschlägen und Schuppenflechte; hilft bei Erkrankungen der Atemwege und der Lunge, besonders am Anfang einer Erkältung; mildert Menstruationsbeschwerden und Hitzewallungen; lindert Blutergüsse, Prellungen und Zerrungen; angezeigt bei Sprachschwierigkeiten nach einem Schlaganfall.

Seelisch: hilft Kummer und Verluste zu überwinden; wirkt beruhigend und nervlich entspannend, mildert Angstzustände und Prüfungsängste; erleichtert es, sich nach kritischer Prüfung ganz einer Sache zu widmen.

Schutzstein gegen Erd- und Wasserstrahlungen. Verhindert das Übernehmen von unbewussten Mustern und Energien anderer Menschen.

Verfügbar: häufig.

Amethyst, hell

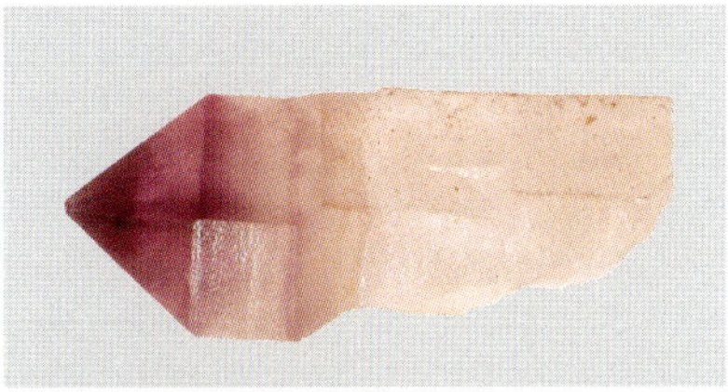

Körperlich: bessert tränende Augen; reguliert die Darmflora, hilfreich bei nervösen Verdauungsbeschwerden; gut bei Kopfschmerzen, Hautreizungen und Nervenschmerzen.

Seelisch: fördert einen ruhigen Schlaf, unterstützt das Traumerleben und beschert hellsichtige Träume; stärkt den analytischen Verstand; verbessert Konzentrations- und Lernschwäche.

Verfügbar: häufig.

Amethyst, schwarz, tintig

Körperlich: lindert auch stärkere Schmerzen, Prellungen und Schwellungen, hilft bei Durchfall.

Seelisch: fördert Konzentration, Willenskraft und den Gerechtigkeitssinn, hilft Fremdeinflüsse abzuwehren sowie Trauer und Verluste zu überwinden; mildert Albträume und hilft rätselhafte Träume zu verstehen; forciert im Wachbewusstsein die Inspiration und Intuition.

Verfügbar: selten.

Amethyst-Quarz, Chevron-Amethyst

Körperlich: kräftigt das Bindegewebe; gut für Lunge, und Haut, lindert Juckreiz und Sonnenbrand.

Seelisch: hilft Verhaftungen und Suchtverhalten sowie inkonsequentes Verhalten aufzulösen; auch bei Liebeskummer wirkungsvoll. Fördert bewusstes Verarbeiten und innere Sammlung.

Verfügbar: häufig.

Amethyst auf Chalcedon

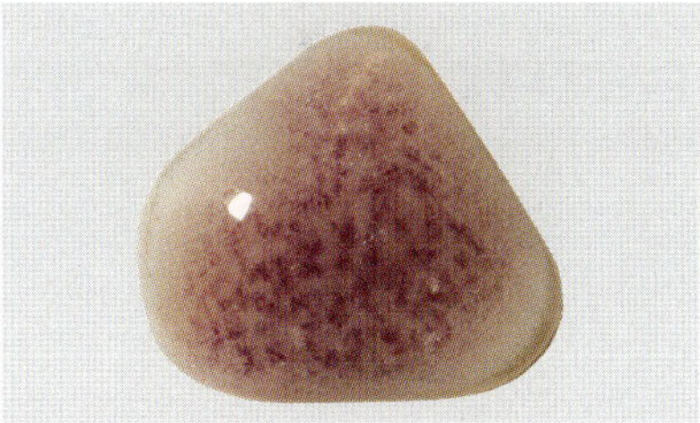

Körperlich: hilft Körperflüssigkeiten, vor allem die Lymphe zu reinigen, kräftigt das Bindegewebe, lindert Juckreiz und Sonnenbrand.

Seelisch: hilft sich mit anderen auszusprechen und zu versöhnen, auch mit sich selbst Frieden zu schließen; macht heiter und glücklich.

Verfügbar: gering.

Ametrin*

Körperlich: harmonisiert das vegetative Nervensystem; wird bei Antriebsschwäche und Nervosität eingesetzt; regt die Gehirntätigkeit an; vermindert Schwerhörigkeit, bessert Augenbeschwerden; erleichtert die Genesung nach schweren Erkrankungen.
Seelisch: wirkt gegen depressive Verstimmung, fördert die Lebensfreude; verbessert die Kontrolle über das eigene Leben; bringt Konzentration, Ruhe, Dynamik, Durchsetzung; unterstützt Führungskompetenz, hilft andere zu begeistern und zu leiten.
Verfügbar: gering.

Ammolith, opalisierter Ammonit

Körperlich: normalisiert Zellstoffwechsel und Energieumsatz; reguliert den Herzrhythmus und stärkt das Herz, entspannt und erfrischt die Haut.
Seelisch: unterstützt Geisteskultur, Schönheitssinn, Sinnsuche und Sinnlichkeit.
Verfügbar: selten.

Amulettstein*

Körperlich: stabilisiert die körperliche Konstitution; fördert das Immunsystem und die Regeneration; regt die Lebertätigkeit an; regt das Gehirn und die Nerven an; schenkt tiefen und erholsamen Schlaf.
Seelisch: stabilisiert die psychische Konstitution; ermutigt kreativ mit seinen Wünschen, Gefühlen, inneren Bildern und den intensiveren Träumen zu arbeiten; hilft die eigenen Bedürfnisse in ihrer Diskrepanz mit der Realität wahrzunehmen, hilft an den persönlichen Interessen dranzubleiben; hilft sich nicht von Scheinwerten blenden zu lassen, sondern in Ruhe zu reflektieren und zu kombinieren; lässt bei Isolation Auswege finden; macht je nach Erscheinungsbild introvertiert oder neugierig; wirkt erdend.
Verfügbar: gering.

Analcim*

Körperlich: verbessert Einschlafstörungen; lindert den halbseitigen migräneartigen Kopfschmerz; wird bei Pankreasstörungen, auch bei Diabetes eingesetzt; verbessert die Harnausscheidung und wird gegen Muskelatrophie eingesetzt; lindert Hautausschläge und Juckreiz.

Seelisch: hilft Kummer sanft zu bewältigen; stärkt Ausdauer und Durchhaltevermögen; fördert geistige Klarheit und hilft sich selbst zu strukturieren; bewahrt Individualität und Kreativität; bringt Harmonie in Gruppenaktivitäten und verbessert deren Zusammenarbeit.

Verfügbar: gering.

Anatas*

Körperlich: wird gegen allergische Reaktionen und Arzneimittelüberempfindlichkeit eingesetzt; fördert die Aufnahme von Vitamin A, Calcium und Magnesium.

Seelisch: hilft Widerstände gegen Veränderungen zu überwinden; lässt die Vergangenheit und Zukunft neutral betrachten und vergrößert damit die Entscheidungsfähigkeit; erweitert den Horizont und lässt zu, mehr Verantwortung übernehmen.

Verfügbar: selten.

Andalusit*

Körperlich: hilft bei Magen- und Darmbeschwerden; wirkt bei Schwächezuständen; beeinflusst fehlgesteuerte Bewegungen; wird bei Muskellähmungen und bei Störungen aufgrund mangelnder Sauerstoffzufuhr und Übersäuerung eingesetzt; bessert Durchschlafstörungen.

Seelisch: regt das Erinnerungsvermögen an; fördert Abnabelungsprozesse; hilft die eigene

Identität zu entdecken und zu verwirklichen; erleichtert, die vielen Möglichkeiten unseres Wesens zu erkennen und zu leben.

Verfügbar: gering.

Andesin*

Körperlich: wird zur Behandlung hoher Blut-Cholesterinwerte eingesetzt.

Seelisch: fördert klare Gedanken und neutrales, emotionsfreies Argumentieren; hilft sich weniger in die Ecke drängen oder abwerten zu lassen.

Verfügbar: gering.

Anglesit*

Körperlich: wird bei nervösen Störungen eingesetzt, um die Durchblutung und Nervenimpulsübertragung anzuregen.

Seelisch: hilft aktiv Träume in die Realität umzusetzen; wird oft beim Channeling verwendet; hilft sich aus Unterdrückung und aussichtslosen Situationen zu befreien.
Verfügbar: selten.

Anhydrit*, Angelit

Körperlich: zur Anregung der Nierenfunktion und Ausscheidung von Bindegewebsschlacken und Wasser im Gewebe; bei akuten Vergiftungen wasserlöslicher Stoffe; verbessert die sensorische Wahrnehmung.
Seelisch: vermindert die eigene Unsicherheit, Selbstzweifel und unnötige Sorgen; wirkt stabilisierend bei psychischen Belastungen und hilft diese durchzustehen; mildert schizophrene Schübe und Zwangsdenken; bremst nach einigen Wochen aber auch geistige Entwicklungen; verbessert die allgemeine Kommunikationsfähigkeit.
Verfügbar: gering.

Anthophyllit

Körperlich: stärkt die Nerven und die Nieren, verbessert das Geruchsempfinden und das Gehör, sorgt für einen gesunden Tonus.
Seelisch: gegen selbstzerstörerische Tendenzen, hilft eigene Fehler anzunehmen, lindert Stress und ersetzt Druck durch Akzeptanz; hilft nach eigenen Vorstellungen zu leben.
Verfügbar: selten.

Anthophyllit mit Phlogopit, Hermanover Kugel*

Körperlich: bei atrophischen, schuppigen Hautstörungen, bei Übelkeit; wirkt zentrierend; löst chronisch verspannte Muskulatur und kräftigt das Gewebe.
Seelisch: zeigt die eigenen positiven Seiten und lindert Selbstzweifel, Negativität und Grübelei; schenkt Geduld und Bescheidenheit; setzt bei Bedarf große Lebenskräfte frei und schützt die Aura.
Verfügbar: selten.

Antimonit*

Körperlich: fördert die Wundheilung; lindert Schwellungen und Hautausschläge, Ekzeme, Juckreiz und Schuppen; reguliert die Verdauung; lindert Magenbeschwerden, insbesondere

Übelkeit und Erbrechen; fördert Giftausscheidung, verbessert Zahnfleischbeschwerden.
Seelisch: hilft bei Anstrengungen und verleiht Durchhaltevermögen; ermöglicht die eigenen Gefühle zu kontrollieren, fördert das Loslassen schwieriger Gefühle und den Verzicht auf Ersatzhandlungen; unterstützt sachliches, rationales Denken; begünstigt Schöpferkraft und Kreativität.
Verfügbar: gering.

Apachentränen siehe Obsidian

Apatit*, allgemein

Körperlich: fördert Knorpel, Knochen- und Zahnbildung, hilft bei Knochenbrüchen; hilft bei Arthrose, Osteoporose und Rachitis; wirkt mittelfristig aufbauend und kräftigend; mobilisiert Energiereserven und hilft bei Erschöpfungszuständen.
Seelisch: motiviert und erfrischt bei Lethargie; hilft Lustlosigkeit und geistige Trägheit zu überwinden.

Apatara, Apatit nach Aragonit

Körperlich: wirkt bei Brüchen und Verwachsungen am intensivsten und begünstigt den Aufbau von Knorpeln und Knochenhaut.
Seelisch: hilft den eigenen Körper anzunehmen und seiner Weisheit zu vertrauen; erleichtert es, Veränderungen gelassen zu begegnen.
Verfügbar: selten.

Apatit, blau*

Körperlich: verbessert Bindegewebsschwäche; senkt langsam Fieberzustände; senkt den Blutdruck; wirkt aufbauend, beschleunigt die Heilung bei Knochenbrüchen und hilft bei Arthrose, Osteoporose, Rachitis.
Seelisch: hilft bei Antriebslosigkeit nach starker Verausgabung; stärkt das Selbstbewusstsein und ermöglicht es, sich wirkungsvoller auszudrücken, wodurch sich Sprachprobleme vermindern.
Verfügbar: gering.

Apatit, gelb

Körperlich: beeinflusst die Kallusbildung, fördert die Neubildung von Knochen und Knorpeln, wirkungsvoll bei Arthrose; mobilisiert

Energiereserven und hilft bei Erschöpfungszuständen; baut Schwellungen ab bei Quetschungen.
Seelisch: erleichtert bei Ärger und Kummer; gleicht Enttäuschung und Stimmungsschwankungen aus; motiviert und erfrischt bei Lethargie.
Verfügbar: selten.

Apatit, grün

Körperlich: lindert Gelenkbeschwerden, Gicht und Ischiasschmerzen; mildert juckende Hautausschläge; mildert verspannungsbedingte Kopf- und Schulterschmerzen; fördert Knorpel, Knochen- und Zahnbildung.
Seelisch: klärt den Geist und bringt Offenheit in die Gedankenwelt; belebt und hilft bei Antriebslosigkeit.
Verfügbar: selten.

Apatit, Fluorapatit*

Körperlich: Bester Stein zur Stärkung der Zahnsubstanz.
Verfügbar: selten.

Apophyllit*, allgemein

Körperlich: mildert nervöse und allergische Haut-, Schleimhaut- und Atemwegserkrankungen, sowie Asthma.
Seelisch: deckt Zwanghaftigkeit und Unaufrichtigkeit auf, hilft bei Schuldkomplexen, Ängsten aller Art, Zweifeln und Sorgen; mindert Verklemmtheit, soziale Unsicherheit und Affektiertheit; bewirkt gleichzeitig Bescheidenheit, Einfachheit und Selbstvertrauen; hilft auf Ablenkungen und Prestigedenken zu verzichten, um frei zu sein.

Apophyllit, blau

Körperlich: senkt den Blutdruck, lindert Spannungen, regt den Wasserhaushalt an.
Seelisch: gibt Gelassenheit, Zuversicht und Mut, vermittelt das Gefühl geistiger Weite und Freiheit.
Verfügbar: selten.

Apophyllit, grün

Körperlich: beruhigt akute Asthmaanfälle; baut die Anfallsneigung ab; erhöht niedrigen

Blutdruck; unterstützt die Regeneration von Haut und Schleimhäuten; lindert Osteoporose; entspannt die Nerven.
Seelisch: fördert den Ausdruck unterdrückter Gefühle; ermutigt Gedankenmuster und Verhaftungen loszulassen und sich zu zeigen, wie man ist, und seinen eigenen Weg zu gehen.
Verfügbar: selten.

Apophyllit, silbrig, Pyramiden

Körperlich: löst Spannung und lässt Erregung abklingen, löscht zellulär gespeicherten Stress.
Seelisch: hilft Verhaftungen und Gedankenmuster loszulassen, hilft starke seelische Belastungen besser zu ertragen; bessert die Inspiration und Imagination; bringt Integrität, Gelassenheit und Ruhe; befreit von Ansprüchen anderer und belastenden Verpflichtungen.
Verfügbar: häufig.

Aragonit*, allgemein

Körperlich: mobilisiert die Gelenke und fördert allgemein die Beweglichkeit, hilft bei degenerativem Rheuma; regeneriert die Bandscheiben; reguliert den Calciumstoffwechsel und stärkt das Immunsystem.

Seelisch: hilft bei Überforderung, sich realistische Etappenziele zu setzen und Erfolge besser zu würdigen; hilft psychische und mentale Stabilität zu erlangen.

Aragonit, blau

Körperlich: mobilisiert die Gelenke und fördert allgemein die Beweglichkeit, lindert arthritische Schmerzen, kühlt, reduziert Entzündungsneigung und Juckreiz.
Seelisch: Hilft im Denken und Handeln neue Wege zu beschreiten und sich für unkonventionelle Möglichkeiten zu öffnen, ohne Sicherheitsaspekte zu missachten.
Verfügbar: häufig.

Aragonit, braun

Körperlich: fördert den Knochenaufbau sowie Aufbau und Elastizität der Bandscheiben; regt die Muskeltätigkeit an, wirkt auf Zähne; wird bei degenerativem Rheuma verwendet; unterstützend bei unspezifischen Verdauungsbeschwerden.
Seelisch: hilft konzentriert an einer Sache zu bleiben; beruhigt allgemein das Gemüt; schützt vor Albträumen; fördert bei ADS, das Lernen und Verständnis durch eigene Anschauung zu begreifen und hilft keine Lernstufe zu überspringen.
Verfügbar: häufig.

Aragonit, rot

Körperlich: wirkt auf Zahnfleisch, verbessert die Motorik, mobilisiert die Gelenke.
Seelisch: vermittelt zwischen Voreiligkeit und Trägheit, fördert kontinuierlichen Fortschritt, hilft Überforderung, Sprunghaftigkeit und nachlassendes Interesse zu vermeiden.
Verfügbar: gering.

Aragonit, weiß

Körperlich: lindert nervöses Zittern, unterstützt den Muskelaufbau, wirkt Knochenentkalkung entgegen, regeneriert die Bandscheiben und regt die Verdauung an.
Seelisch: fördert Unvoreingenommenheit und neutrale Offenheit, fördert die Konzentration, reduziert innere Unruhe und Empfindlichkeit.
Verfügbar: sehr gut.

Aragonit-Calcit, gebändert, Onyx-Marmor

Körperlich: hilft bei Beschwerden von Magen, Darm, Bandscheiben, Gelenken und Meniskus, indem er Knorpelsubstanz regeneriert und allgemein Beweglichkeit und Spannkraft fördert.
Seelisch: wirkt beruhigend bei Stress, ansonsten sanft anregend. Vermittelt ein gutes Körpergefühl und verbessert die Koordination.
Verfügbar: häufig.

Astrophyllit*

Körperlich: regt Verdauung und Wasserresorption im Dickdarm sowie den Stoffwechsel an; lindert Wechseljahrsbeschwerden; kann unregelmäßige oder verschobene Regelblutungen regulieren.

Seelisch: führt zu lebhaften Träumen bei leichtem, unruhigem Schlaf; wirkt leicht antidepressiv, indem er in eine gelassene und gedankenverlorene bis heitere Stimmung versetzt, die bewusstes Nachdenken erschwert; fördert aber spontane Geistesblitze und aktive Handlungsimpulse.
Verfügbar: gering.

Atacamit*

Körperlich: regt die Geweberegeneration an; verbessert die Aufnahme der Vitamine im Dünndarm.
Seelisch: bewirkt Offenheit für neue Gesichtspunkte; hilft sich aus festgefahrenen Gefühlsmustern und Bindungen zu lösen, nicht nachtragend zu sein und sich Gutes zu gönnen.
Verfügbar: selten.

Augit*

Körperlich: fördert die Gehirnentwicklung; schmerzlindernd bei Rückenschmerzen und Bandscheibenschmerzen, speziell durch Stauchung oder Kompression; hilft bei Verdauungsbeschwerden insbesondere durch seelischen Druck.

Seelisch: wird bei Angstzuständen eingesetzt; fördert das geistige Wachstum und erleichtert schmerzhafte Veränderungen im Leben; wirkt gegen das Gefühl der Ausweglosigkeit und Enge; hilft gegen Unterdrückung von außen.
Verfügbar: gering.

Aventurin, blau*, Blauquarz-Gruppe

Körperlich: wird bei Sonnenbrand und Schuppen eingesetzt; lindert Schmerzen, auch Rückenschmerzen und chronische Verspannungen, wirkt kühlend und fiebersenkend bei Halsentzündung.
Seelisch: hilft aus innerer Ruhe heraus Schritt für Schritt zu tun, was getan werden muss, ohne sich stören zu lassen; schenkt Gleichmut und Kontinuität.
Verfügbar: häufig.

Aventurin, grün*

Körperlich: wird bei vielen Hautirritationen, Allergien, nässenden Ausschlägen und Schuppen eingesetzt; baut Nierensteine langsam ab; regt den Fettstoffwechsel und damit den Fettabbau an, senkt den Cholesterinspiegel und mindert das Einlagern in die Gefäßwände und beugt Arteriosklerose und Herzinfarkt vor; reguliert zu niedrigen Blutdruck.
Seelisch:, hilft beim Zurückfinden des inneren Gleichgewichtes; fördert Selbstbestimmung; bringt Ideen und Begeisterung; regt dazu an,

eigene Träume zu verwirklichen; ermöglicht durch eigenen nüchternen Standpunkt größere Toleranz und Akzeptanz anderer Meinungen.
Verfügbar: häufig.

Aventurin, orange (Quarz, hämatithaltig)

Körperlich: fördert die Blutbildung und Durchblutung, erwärmt und belebt gefühllose Körperstellen, stärkt Leber und Sinne.
Seelisch: hilft bei Unlust und Niedergeschlagenheit, sich für gute Laune zu entscheiden, bringt heitere Gelassenheit; regt an zu tun, was einen glücklich macht.
Verfügbar: gering

Aventurin, rot, Himbeerquarz

Körperlich: regt den Kreislauf und die Durchblutung sowie Nerven und die Sinneswahrnehmung an; steigert die Potenz.
Seelisch: mindert Ängste, Erröten und Nervosität; vermittelt Entschlossenheit, Stärke und

innere Sicherheit; fördert Entspannung und Regeneration; mildert pessimistische Einstellungen, Ruhelosigkeit, Unlust.
Verfügbar: gering.

Aventurin, schwarz

Seelisch: löst sanft Albträume.
Verfügbar: selten.

Axinit*

Körperlich: wird bei Bewegungsstörungen und Knochenbrüchen eingesetzt; bessert chronische Verstopfungen und Magen-Darm-Störungen.
Seelisch: mindert Schuldgefühle; löst schrittweise Ängste, erleichtert die Auseinanderset-

zung und Bewältigung der Angst; Schockerlebnisse können noch einmal reaktiviert und bewusst abgearbeitet werden.
Verfügbar: selten.

Azurit*

Körperlich: stabilisiert den Blutdruck, wirkt galle- und leberanregend; mildert Gallenkoliken und löst kleine Gallensteine auf; stimuliert die Schilddrüse; fördert das körperliche Wachstum; verbessert das Reaktionsvermögen und die Wahrnehmungsfähigkeit der Sinne.
Seelisch: regt die Konzentration an; wird bei geringem Selbstbewusstsein eingesetzt; hilft eigene Denkmuster und Glaubenssätze zu durchschauen; fördert die Visualisierungskraft und das Sehen intuitiver Bilder; kann an alte Wunden aus früheren Leben erinnern; verstärkt mediale Fähigkeiten; fördert die spirituelle Entwicklung.
Verfügbar: häufig.

Azurit-Malachit*

Körperlich: zur Auflösung disharmonischen Zellwachstums; kann das Wachstum von Geschwüren und Tumoren umkehren, wirkt leberanregend und krampflösend auf die Eingeweidemuskulatur; bei vielen Frauenbeschwerden und sexuellen Erkrankungen sinnvoll einsetzbar.
Seelisch: hilft Unglücklichsein zu überwinden sowie unterdrückte Emotionen freizulassen; bringt Verstand und Gefühl in Harmonie, sodass sich innere Konflikte sowie negative Gefühle und Gedanken auflösen können; leistet bei Rückführungen aller Art Hilfestellung.
Verfügbar: selten.

Baryt*

Körperlich: schützt vor allen Arten radioaktiver und elektromagnetischer Strahlung; mildert Halsentzündungen mit geschwollenen Mandeln; regeneriert entzündete Haut bei Verbrennungen; hilft bei Lymphknotenschwellungen im Ohrbereich; wird zur Behandlung von Pilzerkrankungen von Nägeln und Zehen eingesetzt.
Seelisch: erleichtert Kummer und die Bewältigung von Krisensituationen; hilft Zwangsvorstellungen zu beseitigen; stärkt das Gedächtnis und die Vitalität auch im Alter; fördert Selbstvertrauen, Motivation und Unabhängigkeit, wobei Schüchternheit abgebaut wird.
Verfügbar: häufig.

Baumachat*

Körperlich: wird bei häufiger Infektanfälligkeit und Erkältungskrankheiten eingesetzt; sorgt

für Vitalität und Widerstandsfähigkeit; kann die Nierenfunktion unterstützen und wirkt regulierend auf den Wasserhaushalt.
Seelisch: stärkt Ausdauer, Beharrlichkeit und Mut; hilft Schwierigkeiten als Herausforderung zu betrachten und zu meistern; vermittelt als Grundstimmung innere Ruhe und Gelassenheit; verleiht mehr Sicherheit und Standfestigkeit.
Verfügbar: häufig.

Benitoit*

Körperlich: stimuliert die Hypophyse; steigert die Bewegung und Aktivität; wird bei Erkrankungen des Blutes, Blutverlust und zur Stärkung der Venen eingesetzt; beschleunigt alle Heilungsprozesse.
Seelisch: vermittelt höhere Bewusstseinszustände; weckt Visionen und hellseherische Fähigkeiten; ermöglicht das Erkennen geistiger Krankheitsursachen; fördert die Akzeptanz der eigenen Schwächen und dadurch deren Überwindung.
Verfügbar: selten.

Bergkristall*

Körperlich: wirksam bei allergischen Hauterkrankungen und Juckreiz sowie bei kleinen Schürfungen; kühlt bei Brandblasen, Verbrennungen und Sonnenbrand; stärkt die Sehkraft; hilfreich bei Augengeschwüren und Bindegewebsschwäche; verbessert die Durchblutung bei Arteriosklerose und der Herzkranzgefäße; bessert Schmerzzustände nach Gürtelrose, Kopfschmerzen und Schleimbeutelentzündungen; wird zur Narbenentstörung eingesetzt.
Seelisch: fördert klare Wahrnehmung und Selbsterkenntnis; angezeigt bei Süchten und Ersatzhandlungen bzw. Handeln wider besseren Wissens; ermutigt zu Vernunft und Objektivität; fördert Realitätssinn, Nüchternheit und Klarheit; lässt den eigenen Standpunkt finden und bewahren; wirkt gegen Überempfindlichkeit, Selbstmitleid, Schwäche, Albträume, Verdunkelung des Gemüts, Zerstreutheit, Schreckhaftigkeit und Reizbarkeit.
Verfügbar: häufig.

Bergkristall, Abzieherkristall

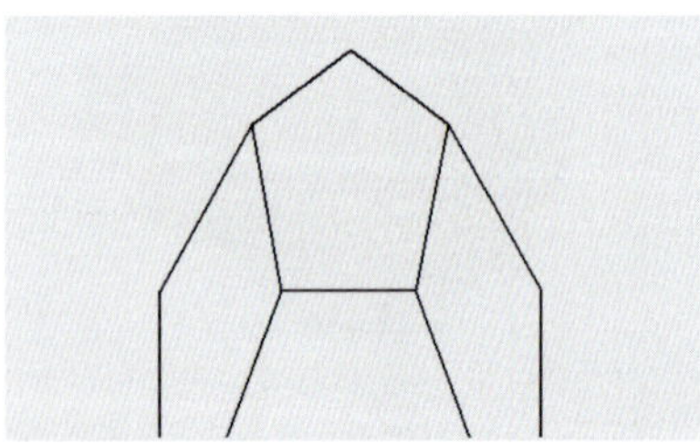

Körperlich: wirkt fiebersenkend, entspannend, fördert den Energiefluss und die Ausleitung.
Seelisch: lässt Spannung abfließen, wirkt emotional erfrischend und stärkend.
Verfügbar: gering.

Bergkristall, Doppelender

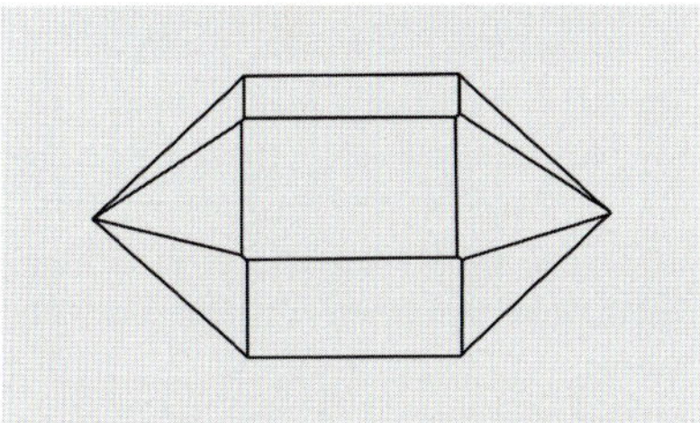

Körperlich: verbessert wechselseitigen Energiefluss, Kommunikation und Austausch und löst Blockaden.
Seelisch: fördert die Erinnerung, auch an Träume; stärkt das Gefühl der Verbundenheit und der Verantwortung.
Verfügbar: gering.

Bergkristall, Dow-Kristall

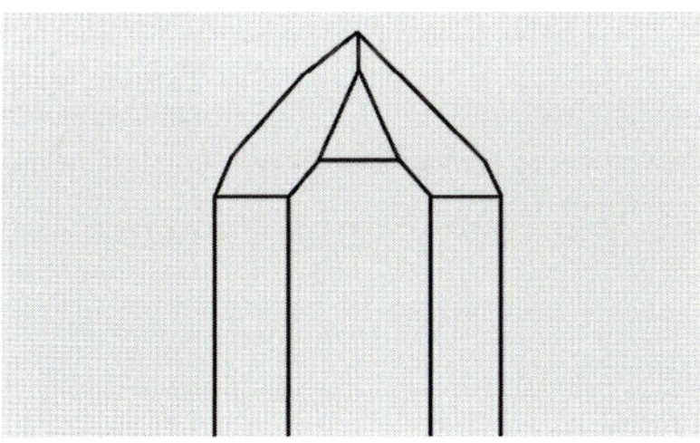

Körperlich: gleicht Energiemangel und Überschuss im Organismus aus, verbessert die Regulationsfähigkeit.
Seelisch: hilft die eigenen geistigen Fähigkeiten bewusst zu entwickeln und zu schulen; hilft aktive und passive Anteile ins Lot zu bringen und seinen Lebensrhythmus zu finden.
Verfügbar: selten.

Bergkristall, Fadenquarz

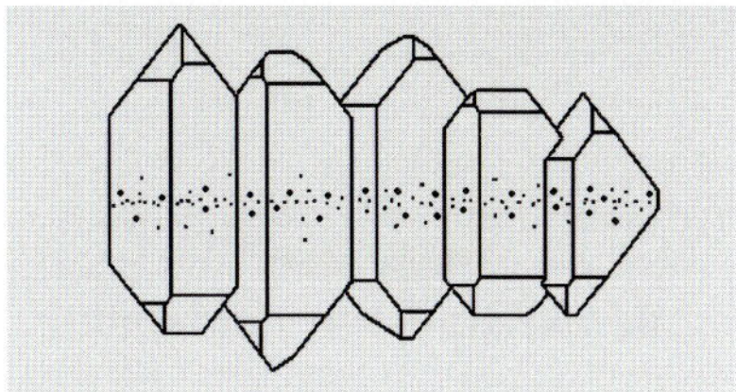

Körperlich: lindert Rückenbeschwerden und aktiviert intensiv die Selbstheilungskräfte.
Seelisch: hilft bei innerer Zerrissenheit und der Verarbeitung von großem Leid; bringt Bewusstsein und Heilung in alle Ebenen des Seins.
Verfügbar: selten.

Bergkristall, Fensterkristall

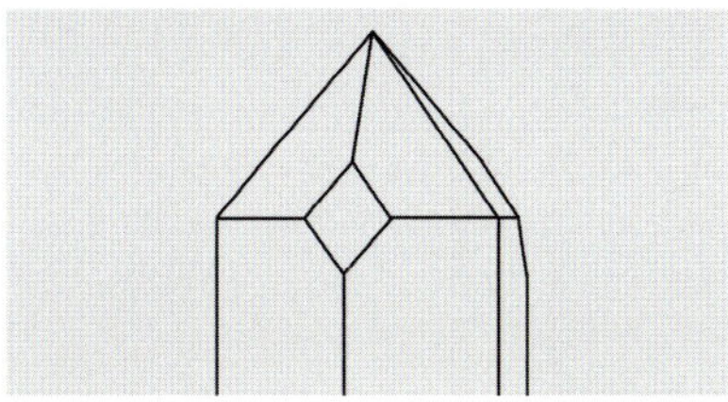

Körperlich: verschafft Einsicht in den Gewinn und den Hintergrund der Erkrankung.
Seelisch: bringt wie von außen Einblicke ins eigene Seelenleben, fördert die neutrale Wahrnehmung; erschließt ungenutzte Talente.
Verfügbar: selten.

Bergkristall, Generatorkristall

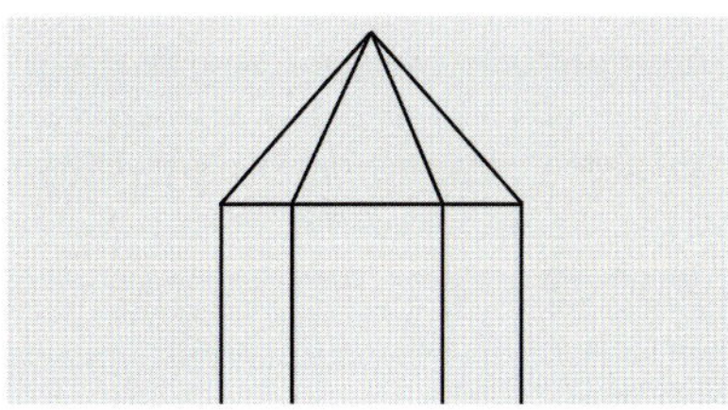

Körperlich: regt das Nervensystem und den einzelnen Nerv an.
Seelisch: fördert eine aufrechte, innere Haltung; macht hellwach und bewusst, stärkt die Konzentration, hilft Dinge »auf den Punkt« zu bringen.
Verfügbar: selten.

Bergkristall, Harmoniequarz

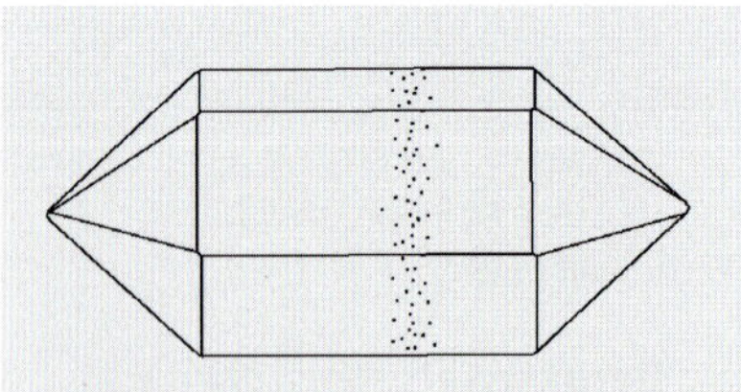

Körperlich: stärkt die Selbstheilungskräfte in hohem Maße, hilft besonders bei Infektionen und Knochenbrüchen.
Seelisch: hilft aus allen Situationen das Beste zu machen; hilft die eigene Integrität auch nach herben Enttäuschungen wieder herzustellen; stärkt den Überlebenswillen; bringt Versöhnung in Beziehungskrisen.
Verfügbar: selten.

Bergkristall, Herkimer Diamant

Körperlich: fördert Nerven, Gehirn und Sinne.
Seelisch: hilft Träume besser zu merken und bewusst zu träumen; hilft sich als geistiges Wesen zu erleben, fördert Klarheit im Denken, hilft schnell auf den Punkt zu kommen; bringt Entschiedenheit, Präsenz und Stärke.
Verfügbar: selten.

Bergkristall, Laserkristall

Seelisch: hilft die eigene Kraft zu bündeln und Reserven zu mobilisieren; stärkt die geistige Absicht, fokussiert die Gedanken auf das aktuelle Ziel; lenkt Energieflüsse in Richtung Spitze, wirkt stark anregend auf Meridiane und Nerven.
Verfügbar: selten.

Bergkristall, Medialer Kristall

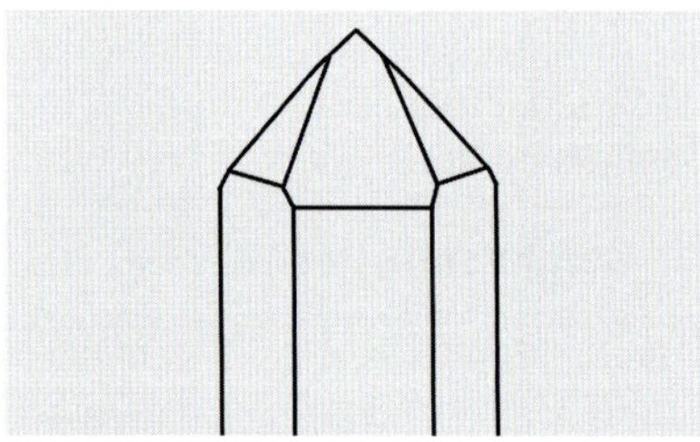

Körperlich: verbessert die Wahrnehmung des Körpers und seiner Bedürfnisse.
Seelisch: verbessert die mediale Empfänglichkeit; fördert Intuition, Einfühlungs- und Wahrnehmungsvermögen; fördert innere Stille und Offenheit.
Verfügbar: selten.

Bergkristall, Nadelquarz

Körperlich: stärkt die Nerven, belebt und steuert Energieflüsse im Körper, hilft Energieblockaden zu überbrücken und aufzulösen; verbessert Feinmotorik und Präzision.

Seelisch: bringt innere Bilder, Erinnerungen und Gefühle in Bewegung und hilft sich geeignete Ziele zu setzen; hilft nicht zu früh schon zufrieden zu sein, bringt Fortschritt und Erfolg;
Verfügbar: gering.

▲ Bergkristall, Phantomquarz

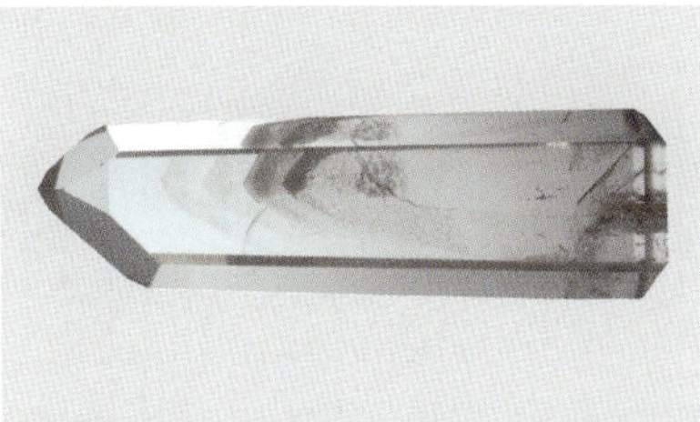

Körperlich: fördert das Wachstum und die Entwicklung des Körpers, besonders im Zusammenhang mit Kinderkrankheiten.
Seelisch: hilft Entwicklungsgrenzen zu überwinden und an Widerständen zu wachsen; hilft alte Ängste zu besiegen.
Verfügbar: selten.

▲ Bergkristall, Phantomquarz mit Chlorit

Körperlich: regt das Wachstum bei Kindern an, stärkt Regeneration und Immunsystem; stärkt die Lunge.
Seelisch: inspiriert und regt die Fantasie an, fördert kreativen Selbstausdruck.
Verfügbar: selten.

▲ Bergkristall, mit Regenbogen

Körperlich: gleicht die Chakren aus; hilft sich im Körper wohl zu fühlen.
Seelisch: hilft bei Depressionen und Kummer wieder Unschuld, Schönheit, Liebe und Glück zu verspüren und sich an der Vielfalt des Lebens zu erfreuen.
Verfügbar: selten.

▲ Bergkristall, Sammelkristall

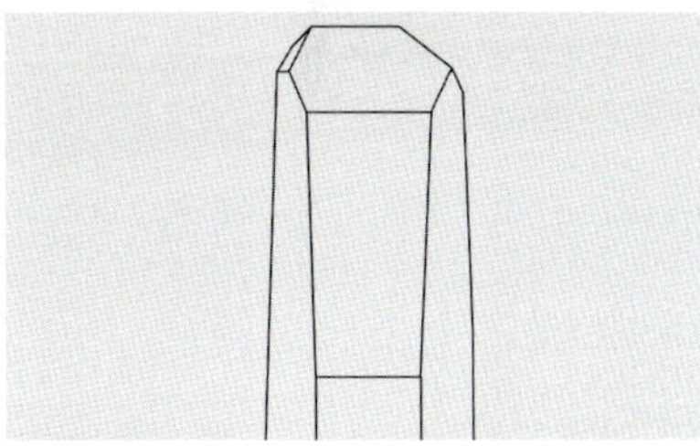

Körperlich: hilft Fieber, Schmerzen und Energieüberschüsse abzuziehen.
Seelisch: hilft bei Zerstreutheit und Verausgabung Kraft zu sammeln; besonnen mit seiner Energie und Aufmerksamkeit umzugehen.
Verfügbar: selten.

Bergkristall, Sprossenwachstum

Körperlich: hilft Energie zu mobilisieren, aber auch mit der Lebenskraft effizient hauszuhalten; stärkt den Dickdarm und unterstützt die Ausscheidung.
Seelisch: bewirkt Lebensfülle, Kreativität, hilft mit geringen materiellen Mitteln Großes zu bewirken; hilft viele Einzelaktivitäten unter einem großen Ziel zu vereinen.
Verfügbar: selten.

Bergkristall, Skelettquarz, Elestial

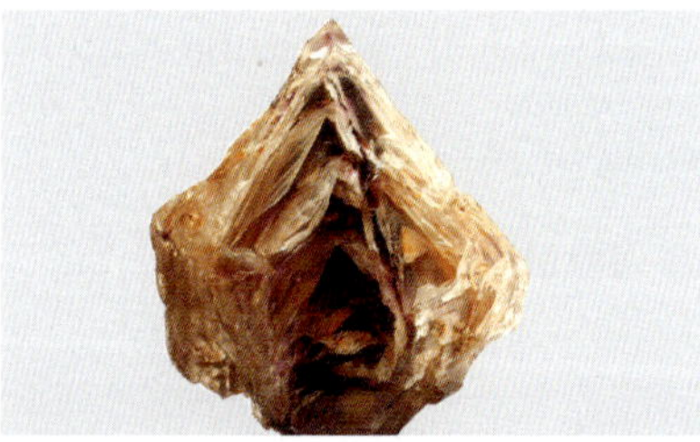

Körperlich: vermittelt zwischen geistigen Urkräften und zellulären Funktionen, beschleunigt körperliche Entwicklung und Regeneration.
Seelisch: bei der Klärung grundsätzlicher Fragen der menschlichen Existenz, fördert Urwissen und Erkenntnis.
Verfügbar: selten.

Bergkristall, Tabularkristall

Körperlich: steigert wenn notwendig alle körperlichen Kräfte.

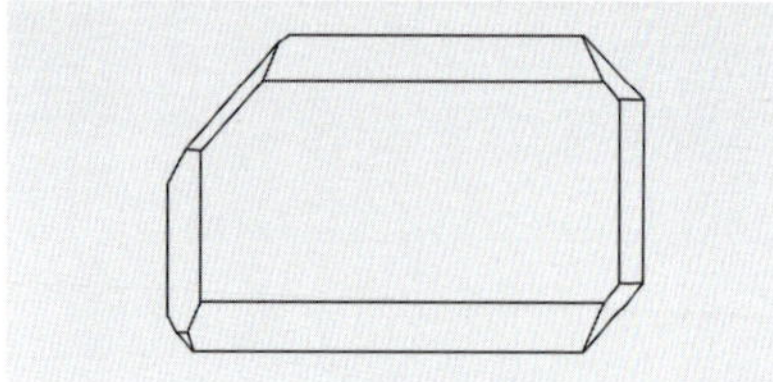

Seelisch: fördert Gemeinschaftlichkeit und stärkt das weibliche Prinzip; stellt sich dienend zurück, um für Höheres eine Basis zu bilden; stärkt den Sinn für wirklich Notwendiges; verbessert die geistige Atmosphäre.
Verfügbar: selten.

Bergkristall, Transmitterkristall

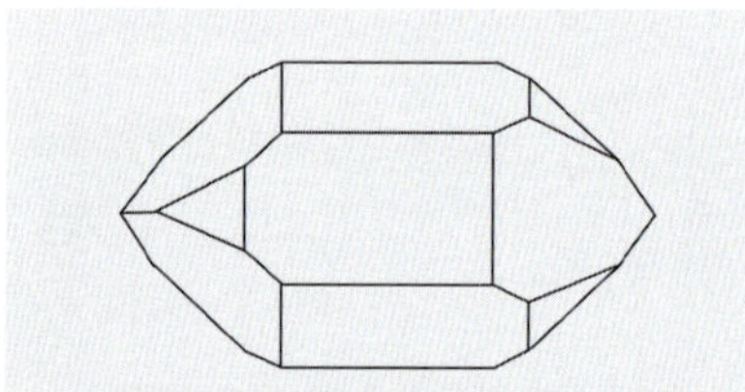

Körperlich: hilft den Körper zu unterstützen und mit ihm zusammenzuarbeiten.
Seelisch: verbessert die Verbindung mit dem Hohen Selbst und der Stimme des Gewissens; fördert klärende Aussprachen und hilft mit sich ins Reine zu kommen.
Verfügbar: selten.

Bergkristall, Kristallgruppe

Körperlich: belebt gefühllose Körperregionen; lädt andere Mineralien energetisch auf.

Seelisch: fördert soziales Verhalten, Toleranz und Teamgeist; erfrischt die Energie in Räumen, hilft sich als Teil eines größeren Ganzen zu sehen und seinen Platz in der Gemeinschaft zu finden.
Verfügbar: häufig.

Bernstein*, hell

Körperlich: bessert stoffwechselbedingte Hauterkrankungen: juckende Haut, Schuppenflechte, Asthma und Keuchhusten; bessert Entzündungen der Schleimhäute; erleichtert das Zahnen von Kleinkindern; bessert kalte Füße oder Hände; hilft bei Blasenreizung und Magersucht; erleichtert Menstruationsbeschwerden und Hitzewallungen; lindert Grippe mit hohem Fieber und starken Kopfschmerzen; hilft bei leichtem Diabetes.
Seelisch: hellt das Gemüt auf, vermittelt Fröhlichkeit und Sorglosigkeit; hilft bei Antriebslosigkeit; wirkt gegen Depressionen, mangelndes Selbstbewusstsein, Stottern und übertrieben starke Neigung zum Weinen; fördert die Kreativität; macht aufgeschlossen und spontan, gleichzeitig bodenständig und traditionsbewusst; schenkt Glauben an die eigene Kraft zur Lebensbewältigung.
Verfügbar: häufig.

Bernstein, dunkel und schwarz

Körperlich: verbessert den Knorpelaufbau bei Arthrose; wirkt schmerzmildernd bei Bandscheiben- und Rückenschmerzen, Ischialgie; hilft bei Reizungen und Erkrankungen im Mund und Rachenraum und fördert die Wundheilung.
Verfügbar: häufig.

Beryll*, allgemein

Körperlich: macht arterielle Verschlüsse und Verengungen der Herzkranzgefäße durchlässiger; mildert Brandblasen; bessert Darmentzündungen und Magenschmerzen; aktiviert die Drüsenfunktionen; kräftigt das Bindegewebe; steigert die körperliche Leistungsfähigkeit.
Seelisch: macht zielstrebig, dynamisch, ausdauernd, anspruchsvoll bezüglich der eigenen Prioritäten sowie asketisch bezüglich scheinbarer Nebensächlichkeiten; fördert gesunden Ehrgeiz und den Wunsch, sich zu verbessern; fördert Nüchternheit, Begeisterung, Konsequenz sowie Effizienz, Klarheit und Organisationstalent.

Beryll, Aquamarin* blau

Körperlich: baut Lymphknotenschwellungen und Ödeme ab; ist hilfreich bei Hautirritationen; lindert Autoimmunerkrankungen und allergische Reaktionen, insbesondere Heuschnupfen; bessert tränende Augen und Au-

genermüdung; stärkt die Sehkraft bei Kurz- oder Weitsichtigkeit; reguliert Schwankungen im Hormonhaushalt.

Seelisch: bessert Antriebslosigkeit und stärkt die Motivation; macht im Vorgehen systematisch und vorausschauend; hilft bei Unklarheit, klärt Verwirrung und hilft Aufgeschobenes zu erledigen; fördert Ausdauer und Durchhaltevermögen; wird gegen Ängste, Depressionen, Stimmungsschwankungen, Selbstzweifel eingesetzt.

Verfügbar: häufig.

Beryll, Aquamarin grün

Körperlich: bessert Nierenbeschwerden; mindert übermäßiges Schwitzen; hilft bei Zahnfleischentzündung; erleichtert Menstruations- und klimakterische Beschwerden; stärkt die Atemwege und die Schilddrüse.

Seelisch: wird gegen Ängste, Depressionen und Stimmungsschwankungen eingesetzt, hilft Verstand und Gefühl einander anzugleichen.

Verfügbar: häufig.

Beryll, farblos, Goshenit*

Körperlich: stärkt das vegetative Nervensystem; verbessert die Sehkraft bei Kurz- und

Weitsichtigkeit; ist unterstützend bei grauem Star; mobilisiert die Abwehrkräfte; lindert allergische Erscheinungen der Haut.

Seelisch: fördert Offenheit, Kreativität und Originalität, stabilisiert zwischenmenschliche Beziehungen; vermittelt innere Zufriedenheit; fördert Ausdauer, Disziplin und Geduld bei konzentriertem Lernen sowie Sorgfalt und systematisches Vorgehen.

Verfügbar: selten.

Beryll, gelb, Goldberyll, Heliodor*

Körperlich: wird bei Erkältungen, Grippe, Heiserkeit, Kehlkopfentzündung, Kopfschmerz und Mittelohrentzündung eingesetzt; wirkt stärkend auf die Sehkraft bei Kurzsichtigkeit; regt die Bauchspeicheldrüse an, stärkt Magen und Milz.

Seelisch: lindert Gereiztheit, Nervosität, emotionale Ausbrüche bei Überlastung; tröstet bei Heimweh; harmonisiert das Gefühlsleben, fördert den Glauben an das Gute und Optimismus; hilft zu tun was geht und Unabänderliches hinzunehmen.

Verfügbar: selten.

Beryll, grün, Vanadiumberyll*

Körperlich: reduziert Entzündungsneigung, hilft bei Degenerationserscheinungen, regeneriert die Leber, unterstützt Entsäuerung und Entgiftung; kräftigt das Funktionsgewebe der Organe.
Seelisch: hilft in ausweglosen Situationen das Unmögliche zu wagen; hilft bei Verzweiflung und Resignation wieder Mut zu fassen und konstruktiv zu handeln; fördert offenen Gefühlsausdruck.
Verfügbar: selten.

Beryll, rosa, Morganit*

Körperlich: stärkt die Nieren, lindert Herzbeschwerden, stärkt die rhythmischen Prozesse im Organismus, lindert nervöse Beschwerden, Gleichgewichtsstörungen, Frigidität, Impotenz.
Seelisch: lindert Stress, falschen Ehrgeiz und deren Folgeerscheinung; lässt abgelehnte, unterdrückte und abgewertete Gefühle ehrlich annehmen; hilft zur Liebe und zum eigenen Wesenskern zurückzufinden; hilft Verantwortung zu übernehmen.
Verfügbar: selten.

Beryll, rot, Bixbit*

Körperlich: stärkt Kreislauf und Nerven, kräftigt Pankreas, Lunge und Milz; hilft mit andauernder Überlastung besser umzugehen; wirkt stark belebend und anregend.
Seelisch: hilft anzupacken und zu erledigen, wenn Entschlusskraft fehlt; hilft Trägheit und Kompromisse zu überwinden.
Verfügbar: selten.

Beryllonit*

Körperlich: gegen Ermüdungserscheinungen und Beschwerden der Fortpflanzungsorgane; lindert Hoden- und Eierstockbeschwerden.
Seelisch: hilft Einsicht in Ursachen von Krankheiten zu gewinnen; hilft die inneren Zusammenhänge zu erkennen, wenn Handlungen und Motivationen anderer unverständlich sind; hilft die Vaterbeziehung zu klären und Zurückhaltung im Selbstausdruck abzulegen; hilft seinen eigenen Weg zu finden und ihn zunehmend unbeirrt zu gehen.
Verfügbar: selten.

Biotit*

Körperlich: regt den Stoffwechsel an; bessert Gelenkentzündungen, Ischiasbeschwerden und rheumatische Schmerzen; lindert die Übersäuerung des Magens; löst Verkrampfungen; wirkt entgiftend durch Anregung der Gallensekretion; regeneriert die Atemwege und Bronchien; führt zu ruhigem, tiefem und erholsamem Schlaf.
Seelisch: bessert Depressionen, Melancholie, Mutlosigkeit und Pessimismus; hilft sich gegen Fremdbestimmung und Stress abzuschirmen.
Verfügbar: gering.

Biotit, Linse

Körperlich: bei Übersäuerung, Rheuma, Gicht, Verstopfung, Ischialgie und Nierenleiden; löst Wehentätigkeit aus, erleichtert und beschleunigt den Geburtsvorgang und mindert Geburtsschmerzen durch Entspannung des Beckenbodens und Muttermundes.
Seelisch: innere Bilder sind leichter zu visualisieren; regt die individuelle Selbstverwirklichung an; lässt Anpassung und Flexibilität zu; stärkt die Fähigkeit, sich abzugrenzen; schützt vor äußeren Einflüssen, hilft sich von Fremdbestimmungen und Ansprüchen anderer zu befreien; stärkt die Fähigkeit, klare Entscheidungen zu treffen und motiviert, Ideen in die Tat umzusetzen.
Verfügbar: selten.

Blauquarz*

Körperlich: lindert Hautreaktionen auf Stress; beruhigt die Nerven; reduziert Entzündungsneigung; wird gegen Fieberzustände, Bronchial- und Lungenerkrankungen eingesetzt; lindert Schmerzen und chronische Verspannung.
Seelisch: wirkt Ärger, Stress und Wut entgegen; gleicht Stimmungsschwankungen aus; vermittelt Naturverbundenheit, Gemütsruhe und Gemütlichkeit; fördert das Lernen durch Zuhören und durch Einfühlung.
Verfügbar: häufig.

Borax*

Körperlich: wird bei Schuppenflechte eingesetzt, mildert Hustenreiz.
Seelisch: bessert die Empfindlichkeit gegen plötzliche Geräusche und die Angst vor Ab-

wärtsbewegungen und Flugangst; allgemein gegen Ängste und Panikanflüge; bessert die Selbstbeherrschung und Kontrolle über das eigene Leben.
Verfügbar: selten.

Bornit*

Körperlich: aktiviert die Sexualhormone; wird bei Menstruationsbeschwerden eingesetzt; wirkt krampflösend; entsäuert den Stoffwechsel der Zelle und des Bindegewebes; harmonisiert das Wachstum; gleicht den Mineralstoffhaushalt aus; wirkt fiebersenkend und baut Schwellungen ab.
Seelisch: stärkt Lebensmut und Vertrauen; bessert depressive Verstimmung; hilft selbst verzagten Menschen, ihr Leben zu meistern und mehr Lebensfreude und Erfüllung zu erfahren.
Verfügbar: gering.

Brasilianit*

Körperlich: wirkt auf Gehirn und Rückenmark; mildert regelmäßig wiederkehrende Schmerzen, vor allem Menstruationsbeschwerden; beeinflusst die Körpertemperatur; ist hilfreich bei Einschlafschwierigkeiten und Schlaflosigkeit, gibt tagsüber frische positive Energie.
Seelisch: bessert mentale Erschöpfungszustände; setzt Energiereserven frei und stärkt die Motivation; hilft die eigene Lebensabsicht zu erkennen; hilft Albträume zu verarbeiten; frischt das Erinnerungsvermögen auf.
Verfügbar: selten.

Bronzit*

Körperlich: mindert frühzeitige Alterserscheinungen; bessert trockene Haut; wirkt krampflösend und lindert Atemnot bei Bronchitis; reduziert Schmerzen bei Gürtelrose; in Kombination mit Apatit fördert er die Festigkeit spröder Knochen; stärkt die Nerven; wirkt gegen Magnesiummangel, lindert Muskelkrämpfe und Muskelverhärtung.
Seelisch: mildert erlittene seelische Verletzungen, belebt, hilft jedoch die innere Ruhe zu bewahren; daher bei Dauerstress und außergewöhnlichen Belastungen eine wirkungsvolle Hilfe; bietet Erholung und Regeneration inmitten anstrengender Lebensphasen; schützt vor depressiver Verstimmung, angezeigt bei Ruhelosigkeit und Unzufriedenheit.
Verfügbar: gering.

Bustamit

Körperlich: fördert die Motorik sowie das Empfinden in Beinen und Füßen, verbessert allgemein die Beziehung zum eigenen Körper.
Seelisch: fördert elastische Widerstandskraft, schenkt Gelassenheit in stressigen Zeiten, unterstützt die Meditation, fördert das bewuss-

te Träumen, hilft Gedanken zu konzentrieren, auszurichten und sich mit ganzem Herzen einer Sache zu widmen; fördert das Verbundensein mit der Umwelt; weckt den Wunsch nach Heilung und heil zu sein.
Verfügbar: selten.

▲ Calcit*, allgemein

Körperlich: regt den Calciumstoffwechsel an, baut langsam, aber stetig Lebensenergie und jugendliche Spannkraft auf, stärkt Wachstum und verbessert die Motorik; fördert die Blutgerinnung und die Heilung von Gewebe und Knochen, hilfreich bei Knochengeschwülsten und Wirbelsäulenschmerzen; herzstärkend; lindert Magenschmerzen, fördert die Verdauung; lindert juckende Hautbeschwerden.
Seelisch: hilft positiv gestimmt das Leben anzupacken, sich zu organisieren und Gewohnheiten, Arbeitsabläufe und Lebensumstände zu optimieren; klärt das Denken und fördert die praktische Umsetzung; vermittelt Sicherheit; fördert den Einklang körperlicher und mentaler Entwicklung.

▲ Calcit*, Stufe mit Phantom

Körperlich: fördert das Wachstum trotz vorliegenden Blockaden, hemmenden Einflüssen und Unterentwicklung.
Seelisch: unterstützt die Haltung, lebenslang zu lernen, hilft Dingen auf den Grund zu gehen und nachzuhaken; hilft auch aus widrigen Umständen Vorteile zu ziehen und aus allem das Beste zu machen.
Verfügbar: selten.

▲ Calcit, Glendonit

Körperlich: fördert die Widerstandskraft, gibt Stabilität und Gesundheit; verbessert die Knochenstruktur; schützt die Haut vor Umwelteinflüssen, kann bei Hautveränderungen helfen; stärkt die Peristaltik und allgemein die Verdauung.
Seelisch: hilft sich gegen Übergriffe zu wehren, hilft sein Revier zu verteidigen; fördert Witz und Bodenständigkeit.
Verfügbar: selten.

Calcit, blau

Körperlich: gut für Lymphe und Schleimhäute, lindert Juckreiz, kräftigt Dickdarm, Bindegewebe und Zahnsubstanz; hilfreich bei Knochengeschwülsten und Wirbelsäulenschmerzen.
Seelisch: mildert Albträume und Angstschweiß; verbessert das Unterscheidungsvermögen und das Gedächtnis; verhilft zu Selbstgewissheit und Vertrauen in das eigene Können.
Verfügbar: gering.

Calcit, braun

Körperlich: bessert Brechreiz und Übelkeit; schützt empfindliche Haut, entspannt, stärkt Verdauung und Dickdarm.
Seelisch: verbessert das Gefühl für den Körper, erdet, hilft bei Voreiligkeit und Nachlässigkeit, macht ausdauernd und solide.
Verfügbar: gering.

Calcit, gelb

Körperlich: stärkt Nerven, regt Verdauung, Nährstoffaufnahme und Stoffwechsel an.
Seelisch: macht wach, offen, selbstbewusst, gut gelaunt; vermittelt innere Sicherheit und fördert Planung, Organisation und Umsetzung.
Verfügbar: häufig.

Calcit, grün

Körperlich: lindert Entzündungen, fördert die Entgiftung über Leber und Galle; lindert Unterleibskrämpfe; bessert Schweißausbrüche; normalisiert den Herzrhythmus, hilfreich bei Gesichtslähmungen, Nierenerkrankungen und Verstopfung.
Seelisch: hilft sich gefühlsmäßig zu öffnen, neue Gedanken zuzulassen; gibt Selbstvertrauen, Stabilität und Standhaftigkeit.
Verfügbar: gering.

Calcit, orange

Körperlich: wirkt stoffwechselanregend; fördert bei Kindern die Aufnahme von Calcium; wirkt immunstärkend und wachstumsfördernd

bei Kindern; regt die Blutgerinnung an und erhöht niedrigen Blutdruck; fördert Heilung von Gewebe und Knochen; fördert die Verdauung bei Verstopfung.
Seelisch: bessert mangelhaftes Erinnerungsvermögen, Erschöpfung, Hoffnungslosigkeit, Lebensunlust, Pessimismus, schlechtes Reaktionsvermögen, fördert Optimismus; baut mit der Zeit ein gesundes Selbstwertgefühl auf.
Verfügbar: häufig.

Calcit, rosa, Manganocalcit

Körperlich: schmerzlindernd bei Bandscheibenbeschwerden, Meniskusschmerzen, Muskelkater; Muskelschwäche und Muskelfaserrissen; ist stabilisierend bei vielen Herzbeschwerden, normalisiert den Herzrhythmus, gut für Bindegewebe, Blutgefäße und Haut.
Seelisch: fördert Wärme, Freundschaft, offene Herzlichkeit und Hilfsbereitschaft.
Verfügbar: gering.

Calcit, rot

Körperlich: wachstumsfördernd, immunstärkend, regt Blutbildung, Blutgerinnung und Wundheilung an; fördert das körperliche Wachstum, kräftigt den Tonus und die Muskulatur.
Seelisch: hilft bei Lethargie und Erschöpfung, Wünsche und Pläne umzusetzen.
Verfügbar: selten.

Calcit, weiß

Körperlich: wirkt stoffwechselanregend sowie wachstumsfördernd bei Kindern, stärkt Schleimhäute, Haut, Bindegewebe, Knochen und Zähne; hilft gegen brüchige Nägel.
Seelisch: fördert Intelligenz, Geistesgegenwart und neutrale Vorurteilslosigkeit; beschleunigt Schlussfolgerung und Umsetzung.
Verfügbar: häufig.

Cancrinit

Körperlich: gegen Infektionen der Atemwege und verschleimte Bronchien; eventuell bei Magenkrämpfen.
Seelisch: hilft sich in der Welt zurechtzufinden, seine Willenskraft enorm zu stärken und sie gegebenenfalls zur Selbstüberwindung oder gegen unerwünschte Verlockungen einzusetzen.
Verfügbar: selten.

Cavansit*

Körperlich: wirkt entzündungshemmend; regt die Entgiftung an; kann Endorphinausschüttung auslösen; wirkt schmerzlindernd und entstressend im gesamten Kopfbereich, auch bei Tinnitus und Ohrensausen; stärkt die Sehkraft, spendet frische Lebensenergie; hilfreich bei Nieren- und Blasenbeschwerden.
Seelisch: befreit von überalterten Einstellungen; hilft Ängste und Hemmungen abzubauen; stärkt die Intuition, Motivation und vermittelt Positivität und Schönheitssinn; bringt wachen, klaren Verstand, fördert die Konzentration und Lern- und Erkenntnisfähigkeit; bringt Spontaneität und emotionale Offenheit bei hohem Konfrontationsvermögen.
Verfügbar: selten.

Cerussit*

Körperlich: wird zur Behandlung von Schlaflosigkeit und Störungen der Bewegungsabläufe eingesetzt; gegen Verhärtungstendenzen im Bindegewebe; stärkt die Nerven; verbessert die Knochenstruktur.
Seelisch: hilft die Lasten leichter zu tragen; ermutigt den Körper und das Leben anzunehmen; hilft sich leichter an neue Situationen anzupassen und entsprechend zu verhalten; verleiht die Stärke, mit schwierigen Situationen fertig zu werden; löst Spannungen und Ängste, bringt Aufmunterung und neuen Mut.
Verfügbar: selten.

Chalcedon*, allgemein

Körperlich: regt den Lymphfluss an und wirkt gegen Lymphdrüsenschwellungen; lässt allergische Reaktionen abklingen; wirkt allgemein Anspannung lösend.
Seelisch: gibt Gelassenheit, Leichtigkeit; stärkt das Verständnis und die Vernunft; verbessert das soziale Miteinander und die Beziehungsfähigkeit; hilft sich verständlich auszudrücken.

Chalcedon, blau

Körperlich: erleichtert das Wasserlassen bei Harnverhalten; hilft bei Ödeme und Wasseransammlungen; beugt Arterienverkalkung vor;

verbessert die Atmung, befreit bei Engegefühlen in der Brust, lindert Wetterfühligkeit; mildert Diabetes im Frühstadium; fördert die Milchbildung und wirkt allgemein harmonisierend bei Wechseljahrsbeschwerden wie Hitzewallungen und nervöser Reizbarkeit.
Seelisch: gibt Offenheit, innere Ruhe und hilft mit allen Situationen angemessen umzugehen; vermindert jede Art von Anstrengung; hilft mit Interesse am Leben teilzuhaben; bessert Aggressivität und Gereiztheit.
Verfügbar: gering.

Chalcedon, blau gebändert

Körperlich: hilft bei Nebenhöhlenentzündung, grippalen Infekten mit Gliederschmerzen, lindert Probleme mit den Stimmbändern wie erste Knötchenbildungen.
Seelisch: lässt die Seele Gelassenheit finden, um frei und offen für das Du zu sein; macht charmant und verbindlich; hilft hinzuhören und zu verstehen sowie sich verständlich mitzuteilen; fördert den Redefluss, den Selbstausdruck und unterstützt Aufmerksamkeit, Verständnis und das Lernen.
Verfügbar: häufig.

Chalcedon, grün, Plasma

Körperlich: fördert das Regenerationsvermögen des Körpers; wird bei Infektionen eingesetzt.

Seelisch: stärkt die Belastbarkeit und mindert Schüchternheit; hilft, die eigenen Kräfte schonend einzusetzen.
Verfügbar: gering.

Chalcedon, rosa, Rosenchalcedon

Körperlich: regt die Milchbildung stillender Mütter an; bessert Herzneurosen und Herzbeschwerden als Folge verschleppter Infektionen oder aufgrund seelischer Ursachen; wird bei beginnendem Diabetes eingesetzt.
Seelisch: gibt Herzlichkeit, Hilfsbereitschaft, Vertrauen und Arglosigkeit, weckt den Schönheitssinn, wirkt aufmunternd bei Lustlosigkeit und Liebeskummer; fördert Offenheit und Verständnis.
Verfügbar: häufig.

Chalcedon, rot, Blutchalcedon

Körperlich: hemmt die Nährstoffaufnahme im Darm und mindert Hungergefühle; lindert Husten; regt die Blutbildung und Blutgerinnung

an; fördert die Wundheilung; stärkt den Kreislauf und verbessert die Spannkraft.
Seelisch: bessert Konzentrationsschwäche; fördert Flexibilität, Kraft und Beharrlichkeit; hilft bewusster mit sich, seinem Körper und Gefühlen umzugehen und sich bewusst zu ernähren; gibt emotionale Direktheit; hilft seine Energie zu bündeln und entschlossen einzusetzen; lehrt mit Aggression umzugehen.
Verfügbar: häufig.

Chalcedon, weißlich

Körperlich: unterstützt die Milchbildung bei stillenden Müttern am besten, beugt Entzündungen der Brust vor und stärkt die Nerven.
Seelisch: macht geduldig und gelassen.
Verfügbar: selten.

Chalcedon, Chromchalcedon

Körperlich: bei Immunschwäche; bessert die Durchblutung kalter Füße und Hände; allgemein stark entzündungshemmend, auch bei

Kehlkopf- und Lungenentzündung; bei Knochenbrüchen, Krampfadern, Lebensmittelallergien und rheumatischen Beschwerden.
Seelisch: hilft bei Verdrießlichkeit, lindert Kummer; hilft immer obenauf zu sein und von den Überraschungen des Lebens zu profitieren; fördert Erfindungsreichtum, Kreativität und Lebenskunst.
Verfügbar: gering.

Chalcedon, Dendritenchalcedon

Körperlich: reinigt die Lymphknoten; bessert die Folgen des Rauchens; angezeigt bei Schlafstörungen, Schleimhautentzündung, Schnupfen, übermäßigem Schwitzen, Stottern, Warzen; erleichtert Wechseljahrsbeschwerden.
Seelisch: ermöglicht unbewusste Gewohnheiten und »alte Muster« zu überwinden; unterstützt alle Formen der Entwöhnung; fördert genaues Hinhören, präzises Denken und hilft so, Illusionen zu durchschauen.
Verfügbar: gering.

Chalcedon, Kupferchalcedon

Körperlich: wirkt antientzündlich, hilft bei Pilzbefall, stärkt das Immunsystem; verbessert die Sinneswahrnehmung.

Seelisch: hilft sich für Schönes, Sinnliches und geistig Wertvolles zu begeistern; stärkt Freundschaften; hilft Vorurteile und starre Wertmaßstäbe zurückzustellen.

Verfügbar: selten.

Chalcedon, Rosetten blau-grau

Körperlich: bei Magenkrämpfen, Ohrenschmerzen, Tinnitus, eiternden Wunden, Erkältungen, Heiserkeit, Fieber; bei Erschöpfungszuständen, Gallensteinen; entzündungshemmend bei Gelenkentzündungen der Arme und Sehnenscheidenentzündung.

Seelisch: gibt größere Offenheit, Kontaktfreude und Spontaneität; ist etwas weniger diplomatisch; bringt Gedanken und Gefühle ins Fließen.

Verfügbar: häufig.

Chalcedon, Rosetten rosa

Körperlich: geeignet bei krampfartigen Herzbeschwerden und Herzneurosen; je nach Signatur hilfreich bei Erkrankungen der Schleimhäute, der weiblichen Geschlechtsorgane, des Magens, der Ohren, der Haut, Schleimhäute, Atemwege, Drüsen, Gewebe und Sinnesorgane.

Seelisch: macht kontaktfreudig und aufnahmebereit, fördert Fantasie, regt zu künstlerischem Schaffen an; fördert Herzlichkeit, Sanftheit und Anpassungsfähigkeit.

Verfügbar: selten.

Chalkanthit*

Körperlich: mildert Krampfzustände; lindert Leiden der Geschlechtsorgane, insbesondere der Gebärmutter; wirkt auf die glatte Muskulatur.

Seelisch: hilft Gefühle der Verlassenheit und Einschränkung aufzulösen, hilft auf seinem eigenen Weg weiter voranzuschreiten und Entscheidungen zu treffen, die einen langfristig weiterbringen.

Verfügbar: selten.

Chalkopyrit*

Körperlich: regt körperliche Reinigungsprozesse über den Darm an; fördert die Giftausscheidung; wirkt einer Übersäuerung entgegen.

Seelisch: bringt neue Ideen und unkonventionelle Ansichten zu Tage; verhilft zu kreativen Problemlösungen; weckt die Experimentierfreude; hilft systematisches Denken zu entwickeln; wirkt psychisch aufhellend; hilft sich selbst und andere zu durchschauen und den eigenen Vorteil misslicher Lebensumstände und Krankheiten zu erkennen; hilft aus Fehlern zu lernen.

Verfügbar: häufig.

Charoit*

Körperlich: fördert einen basischen Stoffwechsel; löst Krämpfe und Schmerzen; beruhigt die Nerven und mildert vegetative Störungen; stärkt das Immunsystem und wird unterstützend bei der Krebsbehandlung eingesetzt; vergrößert die Belastbarkeit.

Seelisch: fördert ruhigen, erholsamen Schlaf mit intensiven, kreativen Träumen; hilft bei Überforderung besonnen wichtige Entscheidungen zu treffen; löst Verwirrung, Fremdbestimmung und Zwänge; hilft Ängste aufzulösen; fördert Konzentrationsfähigkeit und Mut.

Verfügbar: gering.

Chiastolith*

Körperlich: lindert Übersäuerung und deren Folge im Bindegewebe; hilft bei Schwächezuständen und vorübergehenden Lähmungserscheinungen; unterstützt die Rekonvaleszenz nach schweren Erkrankungen; bessert die Durchblutung; regt die Milchbildung stillender Müttern an.

Seelisch: hilft die eigene Lebensaufgabe konsequent zu verwirklichen; fördert Nüchternheit, Realitätssinn und folgerichtiges Denken; mindert Hyperaktivität und nervöse Störungen durch Sammlung; hilft Versagensängste aufzulösen; gibt der Vernunft die Kontrolle über unbewusste Reaktionen.

Verfügbar: selten.

Chloromelanit*

Körperlich: wirkt schmerzlindernd; fördert wirkungsvoll die Nierenfunktion und gleicht

den Säure-Basen-, Mineralstoff- und Wasserhaushalt aus; stabilisiert die Gesundheit, gibt Vitalität und Kraft.
Seelisch: fördert Hoffnung, Vertrauen und Wohlbefinden; stärkt die Gewissheit, sinnvoll durch das Leben geführt zu werden; spendet Kraft und schenkt inneren Frieden; wird in Zeiten emotionaler Veränderung und Unsicherheit eingesetzt, um Niedergeschlagenheit zu überwinden, wieder neue Kontakte zu knüpfen und sich für positive Ziele zu engagieren.
Verfügbar: selten.

Chrysoberyll*, gelb

Körperlich: wurde zur Behandlung von Hormonstörungen, zum Adrenalin- und Cortisonausgleich und zur Regelung des Cholesterinspiegels eingesetzt; wird bei Erkrankungen der Arterien verwendet; bessert Asthmaanfälle; schärft die Sehkraft; wirkt gegen alle Arten von Augenentzündungen; regt die Selbstheilungskräfte an.
Seelisch: stärkt Aufrichtigkeit, Selbstdisziplin, Selbstbeherrschung und natürliche Autorität; stärkt Verantwortungsgefühl, Organisationstalent und strategisches Denken; hilft Konzentration, Intuition und Logik zu verbinden; hilft sich selbst oder kritische Situationen mit Abstand zu betrachten; unterstützend bei Hoffnungslosigkeit, fehlendem Selbstvertrauen und Traurigkeit; lindert Angstzustände und nimmt Albträume; aktiviert mediale Fähigkeiten.
Verfügbar: selten.

Chrysoberyll, grün

Körperlich: lindert Magengeschwüre; wirkt entzündungshemmend bei Mandel- und Rachenentzündung; angezeigt bei Unterleibsbeschwerden; stärkt die Entgiftungsprozesse der Leber; wird bei Drüsenschwellungen eingesetzt.
Seelisch: stärkt das Vertrauen in die Intuition und das Gefühl, hilft die Motive anderer besser einzuschätzen.
Verfügbar: selten.

Chrysoberyll, Alexandrit*

Körperlich: reguliert die Blutbildung und festigt die Blutgefäße; bessert entzündliche Erkrankungen der Bauchspeicheldrüse und hartnäckige Entzündungen aller Art; fördert Entgiftung und Regeneration der Leber; lindert Magengeschwüre und Magenübersäuerung; bessert Nervenleiden und Sinnesstörungen.
Seelisch: hilft sich als Teil der Natur zu spüren und die eigene Mitte zu finden, bewirkt ein heiteres und freudvolles Gemüt; steigert die geistige Flexibilität und Kreativität; erweitert die Fantasie und lässt dadurch Intuition, Träu-

me und Gefühle besser hervortreten; unterstützt Neuanfänge im Leben und stärkt das Charisma.
Verfügbar: selten.

Chrysokoll*

Körperlich: wirkt entkrampfend bei Menstruationsbeschwerden; blutdrucksenkend bei erhöhtem Blutdruck; beschleunigt die Heilung von Brandwunden; wirkt entzündungshemmend sowie fiebersenkend bei Infektionen der oberen Atemwege; beruhigt überreizte Nerven; bessert den Knochenaufbau und das Wachstum bei Kleinkindern, fördert die Nährstoffresorption, beruhigt Magen und Darmtrakt, stimuliert die Entgiftung; regeneriert Narbengewebe.
Seelisch: hilft einen kühlen Kopf zu bewahren; wirkt psychisch ausgleichend; nimmt Angst- und Schuldgefühle, bringt die Gefühle ins Gleichgewicht; hilft »kopfigen« Menschen, Empfindungen und Gefühlen Raum zu geben; hilft emotionalen und aufgebrachten Menschen, sich nüchtern zu beobachten, ohne die Gemütsregungen abzuwerten; hilft gegen Gereiztheit, Nervosität und Übergenauigkeit.
Verfügbar: gering.

Chrysokoll-Chalcedon, Gem Silica

Körperlich: hilft bei Infektionen, Fieber und Krämpfen, fördert Entgiftung der Leber und Nieren, senkt Blutdruck.

Seelisch: stärkt das Verantwortungsgefühl; schenkt Freude, Zartheit und Poesie; lindert Kritik und Wertungen; verfeinert die Wahrnehmung und macht sensibel gegenüber allen Gefühlsregungen.
Verfügbar: selten.

Chrysopras*

Körperlich: regt die Entgiftung des Bindegewebes über die Nieren an; reduziert Ödeme und geschwollene Beine; bessert Krampfadern und Venenentzündung; führt zur Linderung verschiedener Hauterscheinungen: Hautallergien, Neurodermitis und Warzen; wird bei Lebererkrankungen und Magengeschwüren eingesetzt; fördert die Fruchtbarkeit der Frau, wirkt krampflösend bei Menstruationsbeschwerden, lindert Hitzewallungen und Herzbeschwerden; wirkt blutdrucksenkend; reduziert das Übergewicht.
Seelisch: stoppt ständig wiederkehrende Albträume; hilft ängstlichen Kindern nachts durchzuschlafen, stärkt das Selbstvertrauen und das Urvertrauen; fördert Unabhängigkeit von äußerer Zuwendung und Bescheidenheit; lindert Anspannung bei innerer Unruhe; lässt bei Unzufriedenheit einen Ausgleich finden

und stärkt Mitgefühl, Achtsamkeit und künstlerisches Empfinden.
Verfügbar: gering.

Chrysotil*

Körperlich: kräftigt und entkrampft die Muskulatur; wird zur Behandlung von Venen- und Arterienbeschwerden, bei Hautabschürfungen und Entzündungen, bei Lungenbeschwerden und Husten angewendet.
Seelisch: hilft andere weniger kontrollieren zu wollen; schützt kurzfristig die Gefühlswelt, gibt Rückhalt und Selbstvertrauen.
Verfügbar: gering.

Citrin*

Körperlich: fördert die Funktion des zentralen Nervensystems, der Milz, des Magens und der Bauchspeicheldrüse und kann bei Diabetes im Anfangsstadium eingesetzt werden; bessert Durchblutungsstörungen und Raucherbein; entzündungshemmend bei Hautentzündungen, Arthritis und Gelenkentzündungen; hilfreich bei Krampfadern, Menstruationsbeschwerden, Verdauungs- und Stoffwechselstörungen, Potenzschwäche, Bettnässen; lindert Wetterfühligkeit und Kälteempfindlichkeit.
Seelisch: macht extrovertiert, aktiv und dynamisch; stärkt Motivation und aktiviert die Kreativität; verbessert die Konzentration, das Gedächtnis und die Intelligenz; behebt depressive Verstimmungen; mildert Prüfungsangst und löst Überempfindlichkeit und Unentschlossenheit; gibt Selbstvertrauen und neuen Lebensmut.
Verfügbar: gering.

Coelestin*

Körperlich: bessert Asthmaanfälle; unterstützt die Rekonvaleszenz; erhöht niedrigen Blutdruck; stärkt den Knochenaufbau und die Muskulatur, löst Verhärtungen in Gewebe und Knochen auf; bessert chronische Muskelverspannungen; macht die Muskulatur geschmeidig; unterstützt die Wundheilung; beschleunigt die Gewebebildung nach Operationen; wird bei Durchschlafstörungen eingesetzt; gibt Kraft bei Erschöpfungen; normalisiert die Monatsblutung.
Seelisch: macht optimistisch und zuversichtlich; wirkt antidepressiv; bringt Struktur ins Leben; hilft eine innere Stabilität der Gefühle zu gewinnen; wird eingesetzt bei dem Gefühl, trotz permanenter Anstrengung nichts ausrichten zu können; wird zur Kräftigung bei hypnotischen Rückführungen verwendet; fördert geistiges Wachstum und Entwicklung der Spiritualität.
Verfügbar: gering.

Cordierit*, Iolith, Dichroit

Körperlich: senkt den Blutdruck; verbessert die Durchblutung; hilft bei Lähmungserscheinungen und Taubheitsgefühl der Extremitäten; steigert die Leistungsfähigkeit des Körpers, schwächt Asthmaanfälle ab; hilft Schmerzen zu ertragen und zu lindern; krampflösend; kann zur Vorbeugung und Besserung von Leberschäden, zum Abbau von Fettdepots und bei der Entgiftung des Körpers eingesetzt werden; kann Wasseransammlungen verhindern; wirkt Krampfadern entgegen.
Seelisch: verleiht zähe Ausdauer und Durchhaltevermögen; hilft unangenehme Situationen zu meistern und durchzustehen und erleichtert bei Routinearbeiten gefühlsmäßig bei der Sache zu bleiben und Widerwillen zu überwinden; führt zur geistigen Entspannung; erleichtert das Umschalten zwischen nüchternem Verstand und Vergnügen.
Verfügbar: selten.

Cordierit, Iolith-Sonnenstein

Körperlich: stabilisiert den Kreislauf und hilft bei Schwächeanfällen; wirkt krampflösend, steigert die Leistungsfähigkeit.
Seelisch: hilft sich an Gutem und Schönem zu erfreuen, macht zuversichtlich, und hilft, aus jeder Situation das Beste zu machen.
Verfügbar: selten.

Covellin*

Körperlich: stärkt die Verdauung, regt die Magensäure an; wird zur Unterstützung gegen Magersucht eingesetzt; schafft ein ausgewogenes, positives Verhältnis zur Sexualität, zum eigenen Körper und zum Thema Essen; verbessert die Beweglichkeit und den Tonus; entgiftet das Bindegewebe und die tieferen Hautschichten; fördert harmonisches Zellwachstum; wird zur Unterstützung von Krebstherapien mitverwendet.
Seelisch: fördert Selbsterkenntnis; ermöglicht sich selbst so anzunehmen und zu lieben, wie man ist; macht falschen Ehrgeiz, Überheblichkeit und Abwehrhaltungen überflüssig; bessert eigene Unzufriedenheit.
Verfügbar: selten.

Creedit*

Körperlich: fördert die Zellteilung und das Gewebewachstum; kann bei Knochenbrüchen und Muskelzerrungen eingesetzt werden; unterstützt die Leberentgiftung.
Seelisch: fördert geistige und spirituelle Stabilität, bringt kontrolliertes Wachstum und In-

spiration; hilft sich als freies geistiges Wesen zu verstehen und hellsichtige Fähigkeiten zu entwickeln; verbessert den Selbstausdruck und harmonisiert männliche und weibliche Eigenschaften.
Verfügbar: selten.

Cuprit*

Körperlich: verbessert das allgemeine Wohlbefinden, mit Chrysokoll auch krampfhafte Menstruations- und Wechseljahrsbeschwerden; wirkt immunstärkend; fördert die Blutbildung; verbessert das Blutbild; fördert die Sauerstoffversorgung der Zellen.
Seelisch: wirkt erdend, fördert innere Ruhe; hilft das zu erhalten, was man zum Leben braucht; hilft Erlebnisse und Gefühle besser zu verstehen und einzuordnen; ruft alte Erinnerungen hervor; hilft wiederkehrende Probleme zu erkennen; verbessert die Beziehung zu den Eltern, besonders zum Vater, wenn karmische Belastungen zugrunde liegen.
Verfügbar: selten.

Danburit*

Körperlich: wirkt allgemein belebend; fördert die Ausschwemmung von Giftstoffen; ermög-

licht mageren Menschen, an Gewicht zuzunehmen; hilft die Muskulatur zu entspannen; lindert Herzprobleme wie Beklemmung und Herzneurosen; bessert psychosomatische Erkrankungen, mitunter auch Magersucht und vegetative Dystonie.
Seelisch: erleichtert das Loslassen von besitzergreifendem Verhalten; fördert Selbstlosigkeit, Einfühlungsvermögen und Toleranz; ermöglicht es, gut mit anderen Menschen auszukommen; steigert die Ausdauer und den Durchhaltewillen; gibt den Mut, Dinge im Leben zu verändern; wirkt allgemein belebend, erfrischend und ermutigend.
Verfügbar: gering.

Datolith*

Körperlich: wird zur Behandlung von Diabetes und Vermeidung des Unterzuckerns eingesetzt.
Seelisch: verbessert die Erinnerungsfähigkeit, insbesondere für Details; hilft Entscheidungen zu treffen; vermindert Kontrollzwang; richtet die Aufmerksamkeit auf die Realität.
Verfügbar: selten.

Diamant*

Körperlich: hilft bereits entstandene Ablagerungen in den Gefäßen wieder aufzulösen; senkt erhöhten Cholesterinspiegel; verbessert die Nervenregeneration nach Schlaganfall; fiebersenkend bei Bronchitis, Gleichgewichtsstörungen; stärkt die Sehkraft und wirkt gegen Hornhautentzündung; wirksam bei Kopfschmerzen, Muskelverkrampfungen; hilft bei Nierensteinen, Blasenschwäche und Prostataerkrankungen, bei Schilddrüsenunterfunktion, Wirbelsäulenbeschwerden und Zahnfleischentzündung.
Seelisch: unterstützend bei Eifersucht, Erinnerungsschwäche, Erschöpfung; fördert die Bewusstheit, den Willen und die Konzentration; lindert Angstzustände und hilft Trauer besser zu verarbeiten; steigert das Selbstwertgefühl; hilft Krisen zu bewältigen und die Ursache von Problemen zu durchschauen und konsequent zu lösen; wirkt von der höheren geistigen Ebene aus auf den stofflichen Körper, schützt die gesamte menschliche Aura; macht Menschen mit hartem Charakter noch unbeugsamer.
Verfügbar: selten.

Diaspor*

Körperlich: bessert atrophische Hauterkrankungen und Altershaut; reguliert den Säurehaushalt; wirkt bei Sodbrennen, Übelkeit nach dem Essen; unterstützt die Verdauung; beugt vor allem periodisch erscheinenden Kopfschmerzen vor; beruhigt bei Nervosität, Ängsten und Schuldgefühlen ohne erkennbaren Grund.

Seelisch: beruhigt bei starker nervlicher Beanspruchung; löst Abgrenzungs- und Beziehungsprobleme; kann Träume lebhafter machen und die Erinnerung an sie verbessern; hilft gegen Grübelei; schenkt Durchblick und macht den Kopf klar; macht kontaktfreudig; vermittelt Disziplin, Durchhaltevermögen, Konfliktbereitschaft und Kreativität.
Verfügbar: selten.

Diopsid*

Körperlich: bessert körperliche Erschöpfung; regt Herz, Lunge und Nieren an; harmonisiert alle Gleichgewichtssysteme im Körper; stärkt Muskulatur und Nerven, wodurch die Reaktionsbereitschaft erhöht wird;
Seelisch: bringt die Erkenntnis, dass alles geistige Ursachen hat; zeigt den eigenen geistigen Ursprung auf; bessert Apathie und depressive Verstimmungen; hilft beim Abschalten von Problemen; fördert die Erholung; gegen Lebensunlust; wird bei starker emotionaler Unausgeglichenheit und Stimmungsschwankungen aufgrund von Fehlschlägen oder negativer Er-

lebnisse angewendet; hilft nach seelischen Schmerzen und Verletzungen zu verzeihen; fördert Lebenskraft und Vitalität.
Verfügbar: selten.

Diopsid, Chromdiopsid

Körperlich: vermindert Muskelkrämpfe und Seitenstiche; lindert lokale Entzündungen.
Seelisch: fördert die Vorstellungskraft und Kreativität; bringt Lebendigkeit, Charme, Harmonie und Lebensfreude.
Verfügbar: selten.

Diopsid, Sterndiopsid, Blackstar

Körperlich: harmonisiert die Gerinnungsfaktoren des Blutes und wirkt gegen blaue Flecken.
Seelisch: gleicht extreme Stimmungsschwankungen aus, hilft Negativität und Trauer zu überwinden, kann das mathematische Verständnis anregen.
Verfügbar: selten.

Dioptas*

Körperlich: wirkt entzündungshemmend auf die Bindehaut, Blase und die Gelenke; wirkt regenerierend bei körperlicher Erschöpfung; unterstützt alle Heilungsvorgänge; angezeigt bei Gleichgewichtsstörungen mit Schwindel; beruhigt und kräftigt das Herz; regt die Leber und den Gallenfluss an; mildert Krämpfe und chronische Kopfschmerzen, auch Migräne; hilft bei Nierenerkrankungen.
Seelisch: bessert Apathie, depressive Verstimmungen und Unausgeglichenheit; unterstützend bei seelischen Verletzungen; regt die Fantasie und Gehirntätigkeit an; hilft bei der realistischen Umsetzung der Träume oder der visualisierten Tagtraumbilder; lässt empfinden, wie reich, erfüllt und glücklich man eigentlich ist, und behebt das Gefühl von Mangel; hilft sich dem Schönen zu widmen und dafür die Sinne zu öffnen.
Verfügbar: selten.

Disthen*, allgemein

Körperlich: lindert asthmatische Zustände; beseitigt Räuspern, Heiserkeit und Schluckbeschwerden; stärkt das motorische Nervensystem, bessert die Beweglichkeit der kleinen Gelenke, die gesamte Feinmotorik und Koordination; synchronisiert die Gehirnhemisphären und verbessert dadurch das Sehvermögen.
Seelisch: hilft sich und seinen Körper zu kontrollieren, wenn alles drunter und drüber geht;

fördert die Ausdrucksfähigkeit, unterstützt geistige Beweglichkeit, Intelligenz und Intuition; hilft Wissen auch bei inneren Widerständen aufzunehmen und erhöht die Lernleistung, ermöglicht, sich verbal besser mitzuteilen, auch in Stresssituationen; hilft Opferhaltung und Schicksalsgläubigkeit zu überwinden; bewirkt veränderte Bewusstseinszustände und lebhafte Träume.
Verfügbar: gering.

Disthen, radialstrahlig

Seelisch: fördert logisch-rationales Denken und entschlossenes Handeln.

Disthen, grün

Körperlich: stärkt das vegetative Nervensystem und unterstellt es mehr dem Willen; verbessert die instinktive Wahrnehmung und hilft dadurch, den Bedürfnissen des Körpers gerecht zu werden; fördert den Säure-Basen-Ausgleich, verbessert die Beweglichkeit bei Gicht.

Seelisch: erleichtert die Auseinandersetzung mit heftigen Emotionen, hilft mit allen Gefühlen angemessen umzugehen; stärkt die Identität in allen Situationen.
Verfügbar: selten.

Dolomit*, allgemein

Körperlich: hilft überschüssige Säuren zu neutralisieren und beruhigt dadurch Sodbrennen und Magenbeschwerden; wirkt krampflösend auf die willkürliche Muskulatur; baut Blutzellen, Haut, Knochen und Muskulatur auf; bessert atrophische Hauterkrankungen, weicht verhärtetes Narbengewebe auf; bringt Stoffwechselfunktionen, auch der Bauchspeicheldrüse, ins Gleichgewicht; hilft bei häufigen Kopfschmerzen durch Stress und Verspannungen.
Seelisch: hilft Ziele leichter und spielerischer zu erreichen; hilft seinen Lebensrhythmus zu finden; wirkt ausgleichend auf das Gemüt und lässt akute Versagensangst überwinden; fördert die Selbstverwirklichung auf bodenständige Weise.

Dolomit, rot-gebändert

Körperlich: lindert Muskelkater, stärkt das Herz, stabilisiert den Kreislauf und gibt Ausdauer.

Seelisch: sorgt für innere Stabilität und hilft bei plötzlichen und heftigen Gefühlsausbrüchen; ermöglicht es, gestellte Aufgaben zur Zufriedenheit zu verwirklichen und Talente reifen zu lassen.
Verfügbar: häufig.

Dolomit, orange

Körperlich: aktiviert Kreislauf, stärkt das Herz in Zeiten starker Belastung.
Seelisch: bringt Freude ins Leben; wirkt stabilisierend bei häufigen Stimmungsschwankungen; hilft Alltägliches zu achten und zu genießen.
Verfügbar: häufig.

Dolomit, weiß, Zuckerdolomit

Körperlich: wirkt schmerzlindernd und erfrischend; lässt alte Narben heilen.
Seelisch: fördert einfache und vernünftige Lebenshaltungen; hilft, eigene Ziele leicht und unkompliziert zu realisieren, und beschleu-

nigt somit Selbstfindung und Selbstverwirklichung.
Verfügbar: häufig.

Dumortierit*

Körperlich: bessert Magenbeschwerden; lindert Hautreizungen und -entzündungen, auch bei Sonnenbrand und Strahlung; wirkt fieber- und blutdrucksenkend; wirkt vorbeugend bei epileptischen Anfällen; bessert Ödeme der Beine und Krampfadern; mildert Schilddrüsenüberfunktion; lindert Schmerzen, besonders bei Koliken, Migräne, Verstauchungen; wird erfolgreich zur Unterstützung von Suchttherapien und zur Raucherentwöhnung eingesetzt; fördert das Einschlafen und die Erholung.
Seelisch: entspannt und beruhigt; bessert Konzentrationsschwäche; hilft das Leben gelassen und mit Humor zu nehmen; macht leicht, beschwingt und etwas weise; lässt Stress und Zwanghaftigkeit abgleiten; hilft zu hohe Erwartungen und Ansprüche an seine Mitmenschen abzubauen, Freundschaft aufzubauen und zu bewahren.
Verfügbar: häufig.

Dumortierit-Quarz*

Körperlich: lindert viele Verdauungsprobleme, beruhigt die Nerven, befreit bei Engegefühlen.
Seelisch: hilft nach Stress und Anstrengung abzuschalten und sich zu regenerieren.
Verfügbar: häufig.

Eisenkiesel*

Körperlich: wirkt erwärmend, durchblutungsfördernd und kreislaufanregend; stärkt Blutgefäße und Muskeln sowie das Immunsystem; regt die Funktion der Nebennierenrinde an; verbessert die Regeneration von Narbengewebe.
Seelisch: ermutigt, die eigene Kraft besonnen und nachhaltig einzusetzen; stärkt den Durchhaltewillen; hilft Beschlüsse konsequent zu verwirklichen; fördert Begeisterung, Mut, Entschlossenheit, Kreativität und Fantasie; behebt Potenzprobleme aufgrund allgemeiner Schwäche oder Erschöpfung.
Verfügbar: gering.

Eilatstein, Chrysokoll-Malachit-Türkis

Körperlich: stärkt die Leber, reguliert disharmonisches Zellwachstum, lindert Menstrua-

tionsbeschwerden und hilft bei Erkrankungen mit psychosomatischem und zwischenmenschlichem Hintergrund.
Seelisch: lässt Gefühle intensiv erleben und ehrlich ausdrücken; lässt einen sich ganz auf Menschen und Situationen einlassen; hilft die Folgen negativer Erfahrungen zu überwinden; fördert Harmonie und Freude am Schönen.
Verfügbar: selten.

Eklogit

Körperlich: beschleunigt Durchbruch und Genesung bei schweren und langwierigen Erkrankungen; macht den gesamten Organismus belastbarer und kräftiger; verbessert die Selbstheilungskraft und die Regulationsfähigkeit.
Seelisch: fördert Ausdauer, Zähigkeit und Hoffnung; verbessert die Anpassungsfähigkeit; zeigt die eigenen Wurzeln auf.
Verfügbar: gering.

Enstatit*

Körperlich: hilft den Säurehaushalt des Körpers auszugleichen; kann die Aufnahmefähigkeit

von Eisen anregen; hält Gewebe und Gefäße elastisch; regt Lunge und Herz an und verbessert dadurch die Atmung; löst Verhärtungen des Hautgewebes, stärkt Herz, Lunge und Nieren.
Seelisch: bringt Freiheit und innere Ruhe; steigert das Selbstvertrauen bei Unsicherheit, fördert die Entschlossenheit; entstresst Wettbewerbssituationen, wirkt zentrierend und hilft ein liebevolles Naturell auszubilden; hilft Konflikte leichter zu lösen.
Verfügbar: selten.

Epidot*

Körperlich: fördert Leistungsfähigkeit; wirkt stärkend und aufbauend; stabilisiert das Immunsystem; regt die Lebertätigkeit an und fördert die Fettverdauung.
Seelisch: verstärkt die Wahrnehmung; stärkt geistige und seelische Regeneration.
Verfügbar: gering.

Epidot-Quarz

Körperlich: hilft bei Prellungen, Verstauchungen und Zerrungen.

Seelisch: verbessert die Gabe, etwas richtig einzuschätzen; hilft mit der eigenen Energie gut hauszuhalten.
Verfügbar: selten.

Erdbeerquarz*

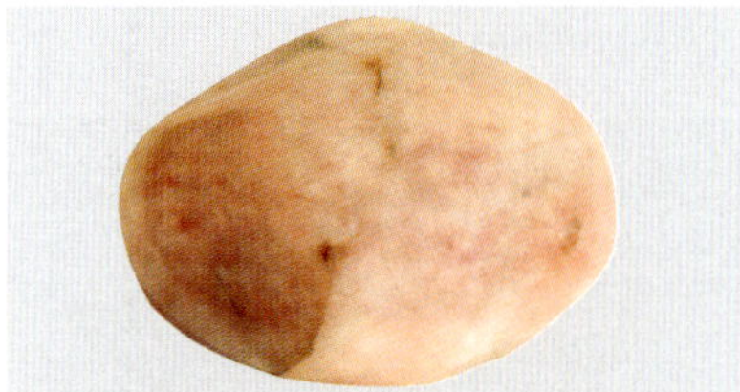

Körperlich: beruhigend bei nervösen Herzbeschwerden; löst Beklemmungen im Herz- und Brustbereich; stabilisiert und reguliert den Kreislauf bei Schwächezuständen; stärkt das Immunsystem bei häufiger Infektanfälligkeit; verbessert das subjektive Körpergefühl.
Seelisch: hilft die eigenen Fehler anzuschauen und sich so anzunehmen, wie man ist. Macht durch die Erfahrung von innerer Größe herzlich und offen, aber auch bescheiden und demütig; hilft sich nicht ganz so wichtig zu nehmen und auch mal über sich selbst zu lachen; stabilisiert eine depressive Grundhaltung bei Liebeskummer.
Verfügbar: gering.

Erythrin*

Körperlich: lindert atrophische Hauterkrankungen; kann Erkrankungen des Knochen-

marks und der roten Blutkörperchen verbessern.

Seelisch: hilft verschiedene Perspektiven einzunehmen, um Dinge zu ergründen und interessante Erfahrungen zu machen, weckt den Wissensdurst und fördert den Gedankenaustausch.

Verfügbar: selten.

Eudialyt*

Körperlich: gegen chronische Schmerzzustände; baut Kraftreserven nach völliger Verausgabung wieder auf, stärkt die Leistungsbereitschaft, bessert das Reaktionsvermögen, aktiviert die Instinkte.

Seelisch: konfrontiert mit bestehenden Ängsten und Selbstzweifeln; verstärkt emotionales Verhalten, besonders Aggression und Freude; hilft aktiv Veränderungen einzuleiten und Widerstände zu überwinden; beschleunigt Entscheidungen und hilft diese kompromisslos und zügig umzusetzen; befreit von sexuellen Zwängen; intensiviert das Träumen. beschleunigt Entwicklungen und eröffnet tief wurzelnde Kraftquellen.

Verfügbar: selten.

Euklas*

Körperlich: erweitert die Blutgefäße, bessert die Blutzirkulation; wirkt entzündungshemmend und lässt Schwellungen abklingen; mildert arthritische Schmerzen und Muskelverspannungen; wirkt krampflösend.

Seelisch: hilft Frieden zu schließen durch die Einsicht, dass das Leben gerecht ist und einen letztlich nur mit den Folgen seines Tuns konfrontiert; bewahrt davor, alte Fehler zu wiederholen, weckt Freude und Stolz über gelungene Vorhaben; macht klar, offen und vielseitig.

Verfügbar: selten.

Falkenauge*

Körperlich: mildert hormonelle Überfunktion und Nervosität; stärkt und erhält die Sehkraft; beruhigt überanstrengte, übermüdete und gereizte Augen; lindert Nervenschmerzen und Zittern, mildert Kopfschmerz und Migräne; löst asthmatische Beschwerden.

Seelisch: hilft zur psychischen Stabilisierung, bei Entscheidungsschwierigkeiten und Stimmungsschwankungen; führt zu größerem Selbstvertrauen; verbessert die Intuition außerordentlich; verleiht intellektuelle Schärfe; schützt die Gefühlssphäre, indem mentale Störeinflüsse (zum Beispiel Mobbing) schnell erkannt werden; hilft in Prüfungen, die durch Nervosität und Lampenfieber gefährdet sind; macht vergessene Gefühle und Erfahrungen bewusst und zugänglich.

Verfügbar: häufig.

Feldspat*, allgemein

Körperlich: fördert die Beweglichkeit der Muskeln, hält das Bindegewebe flexibel; lindert Hauterkrankungen; harmonisiert den Säure-Basen-Haushalt, stärkt das Herz.

Seelisch: filtert die Wahrnehmung und hilft bewusstseinserweiternd eine persönliche Weltsicht zu entwickeln sowie neue Betrachtungsweisen und eine vertiefte Selbstwahrnehmung; baut ein gesundes Selbstwertgefühl auf.

Feldspat, Buntfeldspat

Körperlich: unterstützt Regeneration und Erholung, entlastet Atmung und Herz, löst stressbedingte Verkrampfung im Bauchraum und Tremor; unterstützt bei Verdauungsbeschwerden.

Seelisch: fördert das Interesse am Leben; ermöglicht neue Lebensbetrachtungen; vermittelt Ausgeglichenheit und allgemeines Wohlbefinden.

Verfügbar: gering.

Feueropal*, rot

Körperlich: fördert die Durchblutung bei Kreislauferkrankungen und bei Schwindelanfällen; durchwärmt den Organismus; regt die Adrenalinproduktion der Nebenniere an; hilft gegen Energiemangel bei Müdigkeit, Erschöpfung und leichter depressiver Verstimmung; wirkt auf die Nieren, den Darm und das Herz; regt die Durchblutung der Geschlechtsorgane an; reguliert den Hormonfluss; hilft bei Frigidität und Potenzproblemen; steigert das Lustempfinden.

Seelisch: ermöglicht es, dem Impuls des Augenblicks zu folgen; macht reaktionsschnell; hilft instinktiv richtig zu handeln; erhöht die Begeisterungsfähigkeit und lässt mental größere Freiheit und Beweglichkeit entstehen; stärkt das Vertrauen in sich selbst, hilft auch das Gegenüber als Individuum zu respektieren; fördert die Kreativität; befreit unterdrückte Emotionen; macht offen und direkt; hilft seine Wünsche zu leben; hilft bei Antriebsschwäche

und Freudlosigkeit; hilft Hemmungen abzubauen; fördert die Freude an der Sexualität.
Verfügbar: gering.

Flint*, Feuerstein

Körperlich: kräftigt und entgiftet das Bindegewebe; regeneriert und reinigt die Schleimhäute; regt den Blutkreislauf an; mindert Reizung bei großer Empfindlichkeit und häufigen allergischen Reaktionen; bei Gingivitis und Parodontose; regeneriert die Atemwege und die Lunge; hilft gegen trockene und rissige Haut; reguliert die Darmflora des Dickdarms; regt die Nierenausscheidung und den Lymphfluss an; verbessert die Nährstoffresorption.
Seelisch: hilft einen eigenen Standpunkt zu finden; hilft das Wesentliche zu erkennen; verbessert das Einfühlungsvermögen und Verständnis, gibt Gelassenheit, hilft sich von Ängsten und Sorgen nicht herunterziehen zu lassen und bessert Albträume, Ein- und Durchschlafstörungen.
Verfügbar: gering.

Fluorit*, allgemein

Körperlich: regeneriert Haare, Nägel, Zähne, Knochen und das Bindegewebe; korrigiert Verhärtung wie auch Erschlaffung; unterstützt einen guten Tonus in der Körperhaltung; mildert Asthma und Allergien, besonders wenn diese einen psychischen Hintergrund haben; bessert Entzündungen, vor allem der Gelenke; stärkt das zentrale Nervensystem und die Großhirnrinde; unterstützt Flüssigkeitsausleitungen, entschlackt und entgiftet; entwickelt einen elastischen und kräftigen Körperbau; regt den Stoffwechsel an; hilft Verwachsungen zu vermeiden.
Seelisch: hilft Zwangs- und Nützlichkeitsdenken, Empfindlichkeit, angstbesetzte Vorsicht und Humorlosigkeit zu überwinden; löst einengende Lebensmuster, Abhängigkeit und Süchte auf, indem überkommene Denk- und Verhaltensstrukturen zerstört werden; schafft geistige Freiräume für sinnvolle und allgemein förderliche Ordnungen, in welchen Verantwortung übernommen wird; stärkt die Konzentration; hilft beim Lernen große Mengen an Wissen aufzunehmen und mit Überblick zu verwalten; hilft Konzeptionen zu erfassen, sich nicht in Details zu verlieren und den Realitätsbezug zu bewahren.

Fluorit, blau

Körperlich: lindert trockenen Husten; wird bei Überbein und Verwachsungen eingesetzt.
Seelisch: steigert das Auffassungsvermögen und die Intuition; macht wach, interessiert und präsent.
Verfügbar: häufig.

Fluorit, bunt, Regenbogenfluorit

Körperlich: verbessert das Knochenwachstum nach Knochenbrüchen; wird gegen Osteoporose eingesetzt; wirkt auf Bänder und die Beweglichkeit der Gelenke; wirkt aufbauend auf Haut, Großhirnrinde und Nerven.
Seelisch: erleichtert Neuanfänge im Leben, macht erfinderisch, entschlussfreudig und beweglich.
Verfügbar: häufig.

Fluorit, farblos

Körperlich: baut Zahnschmelz auf; stärkt Nerven und Gehirn.
Seelisch: klärt bei Schuldgefühlen, irrationalen Ängsten und fördert Organisation und Ordnung.
Verfügbar: selten.

Fluorit, gelb

Körperlich: unterstützt Magen und Verdauung, auch bei Essstörungen; hilft Knorpelsubstanz aufzubauen.

Seelisch: fördert eine positiv bejahenden Lebenseinstellung; gibt eine sehr rasche Auffassungsgabe.
Verfügbar: selten.

Fluorit, grün

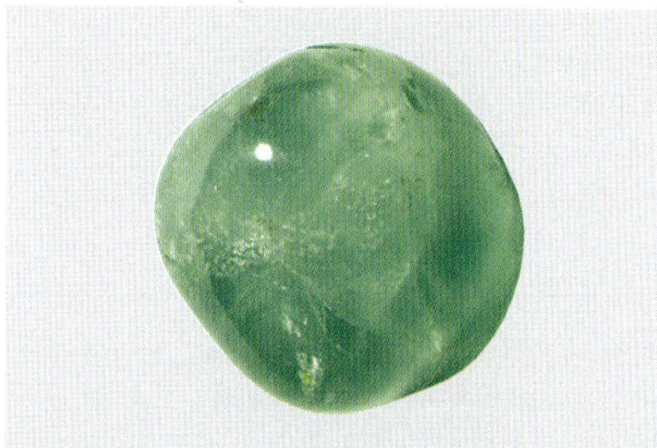

Körperlich: entgiftend; mobilisiert bei rheumatischen Erkrankungen, hilft bei Pilzinfektionen.
Seelisch: verstärkt, klärt und befreit Gefühle und Emotionen.
Verfügbar: gering.

Fluorit, rosa

Körperlich: reguliert den Hormonhaushalt, hilfreich bei funktionellen Herzbeschwerden.
Seelisch: macht gefühlsmäßig aufgeschlossen, verbessert die Selbstwahrnehmung.
Verfügbar: selten.

Fluorit, violett

Körperlich: hilft bei Übergewicht durch falsche Essgewohnheiten; hilft bei eitrigen Wunden.
Seelisch: erleichtert die Befreiung von Fremdeinflüssen; hilft die eigene Spiritualität zu entwickeln; verbessert Konzentration und Lernfähigkeit.
Verfügbar: häufig.

Fluorit-Opal

Körperlich: verbessert den Lymphfluss und die Atmung, lindert Hustenreiz.
Seelisch: hilft weniger zu beurteilen und sich offen auf das Leben einzulassen; nimmt Anstrengung, Härte und Kontrollzwang und hilft bei Spannungen und Zerrissenheit; verbessert das emotionale Gedächtnis.
Verfügbar: selten.

Fuchsit*

Körperlich: hilft bei Schuppenflechte, juckenden oder schuppenden Hautkrankheiten, bei allergischen Erscheinungen; steigert die Abwehrkräfte des Immunsystems; fördert die Entgiftung; wirkt stark reizlindernd und entzündungshemmend bei Sinusitis; hilft bei Sonnenunverträglichkeit, Sonnenstich und Strahlenbelastung; wirkt entsäuernd auf den Stoffwechsel; wirkt wohltuend auf das Herz und regt die Nieren an.
Seelisch: hält geistig beweglich; ermöglicht es, die Dinge von einer anderen Warte aus und mit etwas Abstand zu betrachten; erleichtert das Fällen von Entscheidungen; hilft als Schutzstein, sich abzugrenzen; macht dennoch kompromissbereit und flexibel; hilft Stress, Druck und hohe Anforderungen zu ertragen.
Verfügbar: gering.

Fuchsit-Serpentin, Verdit

Körperlich: reduziert allergische Hauterscheinungen; entgiftet, entsäuert und entschlackt, verbessert die Verdauung.

Seelisch: hilft Fremdbeeinflussung schneller zu erkennen; schützt und stabilisiert die Gefühlswelt.
Verfügbar: gering.

Gabbro, Blackstone

Körperlich: stärkt die Regenerationsfähigkeit und Selbstheilkraft.
Seelisch: regt an, in sich hineinzuhorchen und die eigenen Bedürfnisse wahrzunehmen; hilft, Neues sorgfältig zu planen und vorzubereiten.
Verfügbar: gering.

Gagat*

Körperlich: lindert entzündliches Zahnfleisch, verbessert Mundgeruch und unterstützt die Lösung von Kieferverspannungen und Zähneknirschen; erleichtert ähnlich Bernstein das Zahnen; hilft bei wieder aufkommenden Ekzemen, auch bei Pilzbefall; ist allgemein reizlindernd; angenehm bei Durchfall und Darmbeschwerden; schmerzmildernd bei Kopf- und Magenschmerzen; leicht fiebersenkend; wirkt entzündungshemmend bei Arthritis; gibt körperliche Beweglichkeit und Leichtigkeit, absorbiert Spannungen, verbessert Gelenke und Rückgratbewegungen.
Seelisch: heilt sanft Depressionen, Kummer, Trauer und setzt innerlichem Absterben ein Ende; erweist sich als eine gute Unterstützung bei der Trauerarbeit, hilft über Verluste hinwegzukommen; gegen Melancholie, Stimmungsschwankungen, instabile psychische Zustände, da er die Selbstwahrnehmung verbessert, Negativität absorbiert und Leichtigkeit gibt; bringt eine ausgeglichene Innerlichkeit, sodass man sich zuversichtlich der Welt wieder zuwenden möchte; stärkt Charakter durch Einsicht und Standfestigkeit und hilft, wenn nur gejammert, aber nichts getan wird.
Verfügbar: selten.

Galenit*

Körperlich: regt die Ausscheidung von Schwermetall, insbesondere von Blei an; regt das parasympathische Nervensystem an; wirkt kräftigend auf Lunge und Schilddrüse und unterstützt die Behandlung von Blutvergiftungen; wirkt absterbenden, sklerotischen und austrocknenden Prozessen entgegen; hemmt Entzündungen; hilfreich bei Steifheit und Unbeweglichkeit; verbessert die venöse Durchblutung.
Seelisch: verbessert Gestaltungskraft, Selbstkontrolle, Körperbeherrschung und Pflichtbewusstsein; lindert Existenzängste; hilft bei Druckgefühlen und schweren Belastungen; lindert das Gefühl der Aussichtslosigkeit und Schwere; wirkt gegen Wahnvorstellungen.
Verfügbar: gering.

Gaspeit*

Körperlich: hilft das Nervenkostüm zu sanieren; wirkt kräftigend, entspannend; entsäuert das Gewebe; forciert die Entgiftung und Reinigung des Gewebes; bringt Erholung nach langen Krankheitsphasen.

Seelisch: lehrt, ohne Übermut sich auf positive Weise zu vergnügen; hilft Lethargie und Resignation in Offenheit und gelassenen Optimismus zu verwandeln; lässt Erschöpfung, Trauer, Mutlosigkeit und Einsamkeit überwinden; verstärkt Reinlichkeit und macht gesundheitsbewusst.

Verfügbar: selten.

Gips, allgemein

Körperlich: beschert tiefen und erholsamen Schlaf; verbessert das Körpergefühl; erneuert, festigt und verbessert die Elastizität des Gewebes und der Knochen; beruhigt die Nerven bei Stress; wirkt schmerzlindernd und entkrampfend; festigt das Gewebe, kann auf Dauer die Muskulatur verhärten; kann hormonelle Schwankungen lindern.

Seelisch: vermittelt übersensiblen Menschen Stabilität; nimmt Ängste, insbesondere vor Sexualität; wirkt beruhigend, erdet, stärkt die Vernunft, vermindert Reizbarkeit und Launenhaftigkeit; hilft eigene Muster zu durchschauen und seine Energie auf Wesentliches auszurichten.

Gips, Alabaster Engelberg

Körperlich: wirkt schmerzlindernd und spannungslösend auf die Muskulatur; verbessert den Schlaf und das Körpergefühl.

Seelisch: lenkt die Aufmerksamkeit auf die eigene Innenwelt, wodurch Eindrücke der Außenwelt deutlich abgedämpft werden und es gelingt, sich ganz auf wesentliche Aufgaben zu besinnen; macht zufrieden, entspannt und heiter, auf Stress reagiert man mit Gelassenheit; intensiviert Träume; hilft alte Denk- und Verhaltensmuster zu überwinden.

Verfügbar: selten.

Gips, Fasergips und Selenit*

Körperlich: entspannt überreizte Nerven, Sehnen und Augen.

Seelisch: hilft schnell, wenn Energie im Kopf gestaut ist, wenn man »nicht mehr runter kommt« und bei starkem Stress; gegen Hyperaktivität, Reizüberflutung und hysterische Erscheinungen.
Verfügbar: häufig.

Gips, Marienglas

Körperlich: wirkt entspannend und ausgleichend bei Energieüberschüssen.
Seelisch: löst die Abhängigkeit und Identifikation von Emotionen auf; bringt Ernüchterung bei übersteigerten Gefühlen, öffnet jedoch für zarte Empfindungen; bewirkt Gelassenheit und Neutralität, Schutz durch Unbeeinflussbarkeit.
Verfügbar: gering.

Gips, Sandrose, Wüstenrose

Körperlich: entkrampft und nimmt den Schmerz bei chronischen Verspannungen zum Beispiel des Rückens.
Seelisch: fördert Kreativität und Anpassungsfähigkeit; verdeutlicht die Vielfalt des Lebens; beruhigt bei heftigen emotionalen Reaktionen.
Verfügbar: häufig.

Girasol-Quarz*, Nebel-Quarz

Körperlich: stärkt die Abwehrkraft; entsäuert das Gewebe; lindert Verhärtungen, lässt Lymphknoten abschwellen und regt den Lymphfluss und die Milchbildung an; angenehm bei trockener Haut, besonders bei trockenen Augen; hilft Verspannungen und Muskelkater zu vermeiden; harmonisiert alle Bewegungsabläufe; macht die Art, sich zu bewegen, bewusst und vermittelt Leichtigkeit; stärkt den Energiefluss in allen Körperbereichen.
Seelisch: wirkt aufhellend auf das Gemüt; steigert Selbstbestimmtheit und Selbstbewusstsein, macht belastbarer und verleiht in Stresssituationen Überblick und Gelassenheit; schenkt inneren Frieden; hilft die Vergangenheit besser zu verstehen.
Verfügbar: häufig.

Gneis

Körperlich: fördert Verdauung und Ausscheidung, stabilisiert die Haut.
Seelisch: hilft Umbrüche und Krisen durchzustehen, Belastungen zu ertragen und das Beste aus der Situation zu machen; hilft Gepflo-

genheiten und persönliche Muster zu akzeptieren und loszulassen.
Verfügbar: selten.

Goethit-Quarz*, Kakoxenit

Körperlich: mildert Beklemmungen, Entzündungen und Infektionen der Atemwege, lindert Hustenreiz, beeinflusst die endokrine Drüsentätigkeit, vor allem Hypophyse und Hypothalamus.
Seelisch: lindert Ängste, Beklemmungen und Befangenheit; fördert Ausdruckskraft, auch die stimmliche; gibt gute Laune; macht extrovertiert, gibt Entschlossenheit und Tatkraft, sodass man seine Vorhaben konsequent, aber ohne Verbissenheit durchführen kann; fördert Urteilsvermögen, Wachheit und Taktgefühl; fördert die Einheit von Körper, Seele und Geist.
Verfügbar: selten.

Gold*

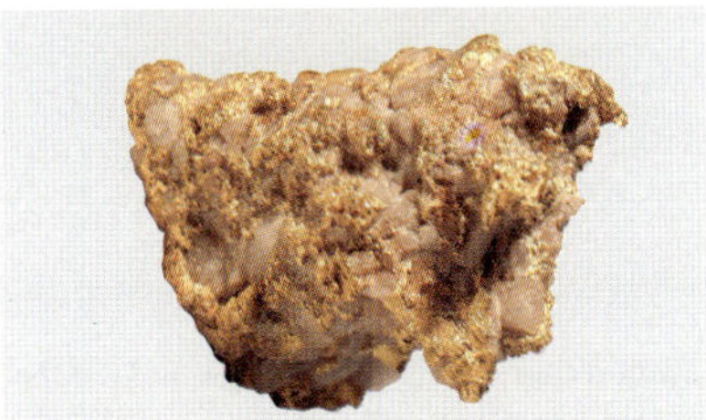

Körperlich: unterstützt die Leitfähigkeit der Nerven; lindert arthritische und rheumatische Schmerzen; bessert Herzbeschwerden und Hautprobleme; wirkt durchwärmend und belebend; hilft Besitz von seinem Körper zu ergreifen; regt den Kreislauf an; regt die Funktion der Sexualorgane an.
Seelisch: bei depressiven Verstimmungen aufgrund von Sonnenmangel, Überbeanspruchung und nervösem Stress, Minderwertigkeitsgefühlen und Mangel an Erfolg, Erfüllung und Sinn; hilft gegen Ängste, Einsamkeit, Lebensunlust und Destruktivität; stärkt den eigenen Wesenskern und bringt verborgene Handlungsmotive und Sehnsüchte ans Licht, repräsentiert das Prinzip Haben; Schattenseite ist Besitzdenken, Habgier, Eitelkeit und Selbstverliebtheit.
Verfügbar: häufig.

Goldquarz, Tigeraugenquarz

Körperlich: löst körperliche Spannungen; hilft bei Asthmaanfällen; stärkt die Belastbarkeit der Nerven.
Seelisch: stärkt Intuition und Verstand; vermittelt Selbstsicherheit durch Distanz, hilft Grenzen zu respektieren; hilft sich nicht zu stark beeindrucken zu lassen und die eigenen Vorhaben nicht aus den Augen zu verlieren.
Verfügbar: selten.

Granat, allgemein*

Körperlich: stoffwechselanregend, allgemein belebend, organregenerierend, die körperliche Leistungsfähigkeit, Widerstandskraft, allge-

meine Konstitution und Ausdauer stärkend und das Körperbewusstsein verbessernd; neue Kraftquellen erschliessend.
Seelisch: Widerstand, Durchhaltevermögen und Durchsetzung eigener und übergeordneter Ideen; wird im Alltag meist als melancholisch und schwer empfunden, setzt in erdrückenden und hoffnungslosen Situationen jedoch unglaubliche Kräfte frei; stärkt die Selbstüberwindung, führt zu Konfrontation mit persönlichen Tabuthemen, deren Bewältigung neue Kräfte freisetzt, transformiert Triebkräfte und verbindet Seele und Geist zu willensstarkem Charakter; unterstützt das Individuum, sich für die Gemeinschaft stark zu machen.

Granat, Almandin*

Körperlich: wirkt blutbildend; verbessert die Eisenresorption im Dünndarm; hilfreich bei Potenzschwäche, Furunkeln, Geschlechtskrankheiten, Arthritis und offenen Beinen.
Seelisch: zeigt wo die Lebensenergie blockiert ist; gibt Kraft, die inneren Widerstände zu konfrontieren, um Einstellung und Verhalten zu ändern; hält geistig jung und wirkt Verknöcherung und festgefahrenen Gewohnheiten entgegen; vermittelt Erfolgserlebnisse, welche die Selbstachtung weiter steigen lassen.
Verfügbar: häufig.

Granat, Almandin in Matrix

Körperlich: bewirkt körperliche Leistungsfähigkeit und Schwung, unterstützt die Ausscheidung; hilft mit Fremdkörpern umzugehen.
Seelisch: mobilisiert die notwendige Energie, klar gesetzte Ziele allen Schwierigkeiten zum Trotz entschlossen anzugehen und zu erreichen;
Verfügbar: gering.

Granat, Andradit*

Körperlich: leberanregend, blutbildend, hilft bei ausbleibender Menstruation; fördert den Bewegungsdrang.
Seelisch: verbessert die Kreativität; regt zur Kurskorrektur an, wenn unnachgiebig zu lange

an bestimmten Ideen festgehalten wurde; regt die sexuelle Vorstellung an, schwächt unbegründete Ängste ab; angezeigt bei depressiver Verstimmung und geistiger Erschöpfung.
Verfügbar: selten.

Granat, Chromgrossular

Körperlich: stärkt Leber und Nieren, entgiftet und lindert Entzündungen, reguliert den Fettstoffwechsel, beugt Arteriosklerose vor.
Seelisch: hilft blockierende Gedanken durch Kreativitätsschübe und Elan zu überwinden.
Verfügbar: selten.

Granat, Grossular*

Körperlich: wirkt auf Potenzschwäche; entzündungshemmend und schmerzlindernd bei rheumatischen Beschwerden; gegen Entzündungen der Haut und Schleimhaut, auch bei Pilzinfektionen.
Seelisch: fördert die Gestaltungskraft, die Entwicklung und Umsetzung eigener Ideale; stärkt den Überlebenswillen und die Fähigkeit zur Zivilcourage; verleiht Entschlossenheit und Konsequenz; hilft Prioritäten zu setzen.
Verfügbar: gering.

Granat, Grossularit

Körperlich: lindert Entzündungen, Schmerzen und rheumatische Beschwerden; gut für Haut und Schleimhaut.
Seelisch: beruhigt und entspannt, wenn man sich unter Druck gesetzt fühlt; stärkt den Gemeinschaftssinn.
Verfügbar: selten.

Granat, Hessonit*

Körperlich: hormonregulierend bei Über- und Unterfunktion der Schilddrüse.
Seelisch: verändert pessimistische Einstellungen und stärkt mangelndes Selbstbewusstsein; unterstützend bei Nervosität; fördert Gelassenheit, geistige Widerstandskraft und Selbstachtung.
Verfügbar: selten.

Granat, Hydrogrossular

Körperlich: entschlackt und leitet aus, fördert die Funktion von Leber, Nieren und Galle.
Seelisch: hilft die Dinge realistisch und angemessen einzuschätzen und das eigene Wertesystem nicht zum Maß aller Dinge zu machen; unterstützt Versöhnung mit sich und anderen, ohne Sentimentalität.
Verfügbar: selten.

Granat, Melanit

Körperlich: kräftigt das Knochenwachstum, speziell der Wirbelsäule; fördert das Größenwachstum; unterstützend bei Rückenschmerzen.
Seelisch: lindert das Helfersyndrom (sich für andere aufzuopfern); hilft in allen Situationen auf sein Gewissen zu hören, gibt Standfestigkeit, Integrität und einen klaren Standpunkt.
Verfügbar: selten.

Granat, Pyrop*

Körperlich: lindert Blasen- und Harnwegsentzündung; verbessert die Blutqualität, Durchblutung und wirkt kreislaufstärkend; mildert

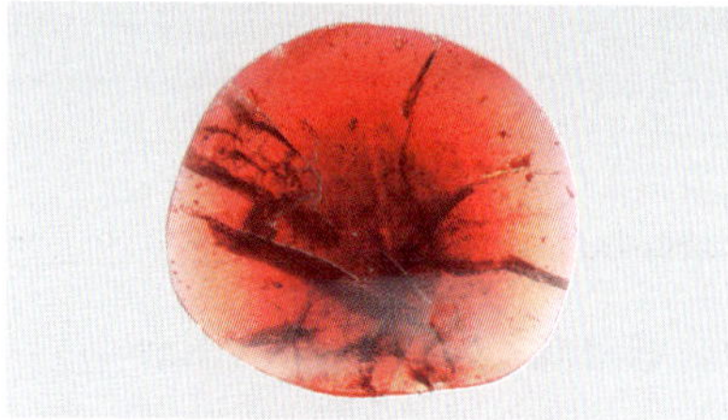

Hinterhauptkopfschmerzen; reagiert durch sexuelle Stimulation auf die Potenz.
Seelisch: lässt Liebe wieder aufleben, hilft zu verzeihen und erleichtert Hilfe anzunehmen; macht gelassen und mutig.
Verfügbar: häufig.

Granat, Rhodolith

Körperlich: wirkt kreislaufanregend; bei Durchblutungsstörungen des Herzens und Angina-Pectoris-Anfällen; verbessert die Nährstoffresorption über den Dünndarm.
Seelisch: sexuell stimulierend; verbessert das Verhältnis zur Leiblichkeit und zum Genuss; stärkt die Ausstrahlung und die Lebensfreude.
Verfügbar: selten.

Granat, Spessartin

Körperlich: wirkt sexualstimulierend; ist herzstärkend und durchblutungsfördernd; verbessert die Nährstoffresorption über den Dünndarm.
Seelisch: mildert Albträume; gegen depressive Verstimmungen; hilft über Unangenehmes, Schmerzliches oder Peinliches zu sprechen; fördert Herzlichkeit und Anteilnahme.
Verfügbar: gering.

Granat, Tsavorit*

Körperlich: gegen Entzündungen der Haut und Schleimhaut; kann bei Störungen der Sinneswahrnehmung von Hören, Sehen, Riechen und Schmecken eingesetzt werden; bei verschleppten und chronischen Erkrankungen und zur Rekonvaleszenz.
Seelisch: gibt neue Kraft in schwierigen Lebensabschnitten.
Verfügbar: selten.

Granat, Uwarowit*

Körperlich: verbessert die Nierenausscheidung und damit die Entgiftung; wirkt entzündungshemmend und temperaturerhöhend bei Untertemperatur.
Seelisch: erfrischt die Sinne und die Gefühlswelt, macht kreativ, fördert Neugierde und Optimismus; hilft das Edle in allen Dingen zu sehen.
Verfügbar: selten.

Halit*, allgemein, Steinsalz

Körperlich: wirkt desinfizierend und antibakteriell; hilft bei Hautbeschwerden, allergischen Erscheinungen, Kopfschmerz, Schwindelgefühlen; lindert Verbrennungen und Insektenstiche; harmonisiert das vegetative Nervensystem, regt die Niere an, gleicht den Wasserhaushalt aus; aktiviert den Kreislauf, unterstützt die Blutbildung und erhöht den Blutdruck.
Seelisch: neutralisiert negative Emotionen, Ängste, Kummer, altes Leid, erlittene Verluste und hilft zu verzeihen; hellt das Gemüt auf wirkt stark antidepressiv; belebt bei Verschlossenheit, Isolation, Grübelei und Zerstreutheit; hilft bei Unterdrückung und Fremdbestimmung, auch bei Verliebtheit; löst gebundene Energien; hilft Kraft und Aufmerksamkeit in sinnvolle, bewusste Bahnen zu lenken; verbessert das Erinnerungsvermögen; steigert die Konzentration; zum Abblocken emotionaler oder energetischer Übergriffe; reinigt und schützt die Atmosphäre eines Raumes.
Verfügbar: häufig.

Halit, derbes oranges Steinsalz

Körperlich: verbessert die Resorption wichtiger Mineralstoffe; unterstützt die Aufnahme von Jod und dadurch die Behandlung von Thymus-, Schilddrüsen- und Thalamuserkrankungen.
Seelisch: hilft bei emotionaler Unsicherheit; gibt Lebenswärme und Lebendigkeit; macht tolerant, wirkt gemütsaufhellend.
Verfügbar: häufig.

Halit, makrokristallin, klar

Körperlich: schützt den Körper vor lebensfeindlichen Energien wie Mobilfunkstrahlung; verstärkt die Selbstheilkräfte und das innere Heilbild, entstört und stärkt auf zellulärer und energetischer Ebene; gleicht Überschüsse und Mangel von Lebensenergie aus.
Seelisch: stärkt die Form- und Ordnungskraft, hilft sich an zeitloser Wahrheit zu orientieren und sich der Bedingtheit des Lebens bewusst zu sein; klärt und erhellt Gefühl, Verstand und unbewusste Verhaltensmuster.
Verfügbar: gering.

Hämatit*, allgemein

Körperlich: fördert die Eisenaufnahme im Darm und damit die Bildung roter Blutkörperchen; hilft bei Verletzungen, Anämie, niedrigen Blutdruck, hohen Blutzuckerspiegel, bei Krampfadern, Hämorrhoiden, Gefäßverengungen und Arteriosklerose; bessert Muskelkater und Potenzstörungen; verbessert die Sauerstoffversorgung der Zellen und regt den Zellaufbau an; stärkt die Leber und die Milz.
Seelisch: irdischer und stärker auf den Körper bezogen als Magnetit; bringt Kraft, beherzte Entschlossenheit, Standfestigkeit, Bodenständigkeit, Körperlichkeit, Ausdauer und Kampfgeist.

Hämatit mit Magnetit

Körperlich: verstärkt zu geringe Tränenbildung; erhöht die Regenerationsfähigkeit des Körpers, regt Drüsen, Leber und Galle an.
Seelisch: bringt erholsamem Schlaf; fördert Beharrlichkeit, Tatkraft, Durchsetzung, Willensstärke und Konfrontationsvermögen; hilft die eigene Umwelt nach seinen Vorstellungen zu gestalten.
Verfügbar: häufig.

Hämatit, gebändert

Körperlich: gibt langen Atem bei starker körperlicher Beanspruchung, unterstützt die Blutbildung.

Seelisch: hilft sich stärker mit der Materie zu verbinden; hilft für seine Bedürfnisse einzustehen; stärkt den Lebenswillen.

Verfügbar: selten.

Hämatit, Glaskopf, nierige Knollen

Körperlich: stärkt körperliche Abwehrmechanismen, lindert Beschwerden von Dünndarm, Dickdarm, Herz, Niere, Knien und Waden; verdeutlicht die vitalen Bedürfnisse des Körpers.

Seelisch: mindert Ängste, fördert Dynamik, Lebensqualität und Vitalität; wirkt gegen Lebensunlust und Resignation; fördert Selbstwertgefühl, Mut und Tatkraft bei Entscheidungsschwäche, Passivität und Unselbstständigkeit; greift in das Traumgeschehen ein und fördert ungelebte Wünsche zutage

Verfügbar: selten.

Hämatit, Einzelkristall

Körperlich: bewirkt gezielten und ökonomischen Krafteinsatz, hilft Verletzungen zu vermeiden.

Seelisch: gibt praktische Orientierung, richtet die Vernunft auf das Machbare und Notwendige aus; hilft so gegen Verwirrung; neutralisiert alle Einflüsse und Energien, entlädt und entzaubert; kann gegen Erd- und Wasserstrahlungen sowie tektonische Verwerfungen helfen.

Verfügbar: selten.

Hämatit-Quarz

Körperlich: wirkt kräftigend auf die Muskulatur; erfrischt energetisch unterversorgte Körperbereiche; verbessert die Reaktion der Nerven und Sinne.

Seelisch: aufmunternd, belebend, inspirierend; weckt vielseitige Interessen, hilft jedoch auch, mit seiner Kraft und Aufmerksamkeit hauszuhalten; verleiht Ausdauer und Kreativität.

Verfügbar: gering.

Heliotrop*

Körperlich: regt die Durchblutung an; wirkt gegen Entzündungen und eitrige Prozesse; stärkt die unspezifische Immunabwehr; heilsam bei allen Herz- und Blasenbeschwerden, Erkältungs- und Infektionskrankheiten; hilft bei rheumatischen Erkrankungen weitere Ablagerungen in den Gefäßen zu verhindern.
Seelisch: verbessert die Konzentrationsfähigkeit, die Kommunikationsfähigkeit und den Gefühlsausdruck; bessert Abgespanntheit, Müdigkeit, Gereiztheit, beruhigt bei Nervosität, mindert Aggressionen und steigert die psychische Belastbarkeit; sensibilisiert für Probleme anderer, ohne sich hineinziehen zu lassen; hilft in allen Situationen die Kontrolle zu bewahren, sich gegenüber seelischen Problemen abzugrenzen; stärkt den Realitätssinn.
Verfügbar: häufig.

Hemimorphit*

Körperlich: fördert die Geweberegeneration nach Operationen; hilft bei Hautunreinheiten, Ekzemen und Warzen sowie bei Sonnenbrand und Verbrennungen; unterstützt das Durchhaltevermögen bei Diäten.
Seelisch: hilft Aggressionen ab- und positive Charaktereigenschaften aufzubauen; schwächt das Ego und stärkt das Wesen, wodurch er eine offene und anziehende Ausstrahlung fördert; lässt ein positives Selbstkonzept von sich entwickeln; verstärkt die Ausrichtung auf das eigene Ziel; hilft Fremdbeeinflussung zu erkennen.
Verfügbar: selten.

Heulandit*

Körperlich: bessert Kurzatmigkeit; geeignet zur Körperentgiftung; mobilisiert die Gelenke; bei Wachstums- und Sprachstörungen.
Seelisch: hilft Gewohnheiten, Selbstgefälligkeit, Überheblichkeit, Neid und Eifersucht loszulassen; hilft Luftschlösser und wahre Bedürfnisse zu erkennen.
Verfügbar: gering.

Hiddenit*

Körperlich: wirkt kühlend und erfrischend; lindert Gelenkbeschwerden; bessert Nervenleiden und wird bei Neuralgien, eingeklemmten

Nerven sowie Zahnschmerzen eingesetzt; stärkt Herz und Kreislauf; bessert Blasenentzündungen; wirkt gegen körperliche Erschöpfung.
Seelisch: aufhellend bei Apathie, Lebensunlust, Unausgeglichenheit und seelischen Verletzungen; lässt Unabänderliches erkennen und akzeptieren; hilft – ohne eigene Ziele und Ideale zu vergessen – die Selbstachtung zu bewahren; stimuliert den Intellekt, verbessert das Gedächtnis; unterstützt geistig und emotional anstrengende Aktivitäten.
Verfügbar: selten.

Hornblende*

Körperlich: fördert die Aufnahme von Vitaminen im Dünndarm; unterstützt die Nieren darin, den Elektrolythaushalt des Körpers stabil zu halten; wird bei Innenohrerkrankungen oder Mittelohrentzündung eingesetzt.
Seelisch: erleichtert es Kritik anzunehmen und zu äußern; verleiht allen zwischenmenschlichen Beziehungen Wärme; fördert von Herzen kommende Kreativität und Unternehmungen, die der Selbstverwirklichung dienen; ermöglicht es, Gegensätze zu verbinden sowie geistige Anspannungen abzubauen; unterstützt das Ausleben widersprüchlicher Wesensanteile, Interessen und Lebenssituationen.
Verfügbar: gering.

Hornstein

Körperlich: kräftigt und entgiftet das Bindegewebe, die Schleimhäute und die Haut; reguliert

die Darmflora des Dickdarms und hilft bei Verstopfung wie bei Durchfall.
Seelisch: hilft der Einsicht auch Taten folgen zu lassen; stärkt das Selbstvertrauen; fördert Kreativität und Selbstausdruck frei zu leben, hilft, sich nicht stressen zu lassen.
Verfügbar: gering.

Howlith*

Körperlich: lindert Folgen von Vergiftungen; unterstützt das Abnehmen und Entschlacken über das Bindegewebe; verhindert Flüssigkeitseinlagerungen im Körper und wirkt harntreibend; verbessert den Gleichgewichtssinn; regt bei Übelkeit den Brechreiz an; lindert Hautreizungen durch Kontaktgifte; behebt Disharmonien von Knochenstruktur, Zähnen und weichem Gewebe.
Seelisch: stärkt den Willen und das Durchhaltevermögen; hilft aus seelischer Starre herauszukommen; regt an, das eigene Leben zu gestalten; fördert die bewusste Kontrolle der eigenen Handlung; stärkt Beobachtungsgabe, Gedächtnis, Urteilsfähigkeit und Wissensdurst, hilft bei Ungeduld wie auch Zögerlichkeit, stärkt das ethische Verhalten und schützt vor Arroganz, Grobheit, Stress und Wut.
Verfügbar: selten.

Hypersthen*

Körperlich: hilft bei Übersäuerung des Gewebes, lindert Magenschmerzen, wird bei Magenschleimhautentzündung eingesetzt; löst akute und chronische Verspannungen und Schmerzen.
Seelisch: lehrt Kritik anzunehmen und gleichzeitig die eigene Überzeugung zu vertreten, harmonisiert das Verhältnis zwischen Ruhe und Aktivität und löst dadurch viele Probleme; erleichtert introvertierten Menschen einen besseren Zugang zur Um- und Mitwelt und hilft seine Gefühle besser mitteilen zu können.
Verfügbar: selten.

Idokras siehe Vesuvian

Ilmenit*

Körperlich: fördert die Selbstheilungskräfte des Körpers, kann zur Behandlung aller Disharmonien und Ungleichgewichte verwendet werden, energetisiert alle betroffenen Bereiche im Körper und Energiesysteme.
Seelisch: hilft als Führer auf dem Weg zur Erkenntnis Trug, Illusion und Fehlinterpretation zu durchschauen und sich im praktischen Leben zu orientieren und Hindernisse entschlossen auszuräumen; lehrt Einbildung und Eingebung zu unterscheiden und löst veraltete Einstellungen wie Mutlosigkeit, Opferhaltung und Minderwertigkeit auf.
Verfügbar: selten.

Ilvait*

Körperlich: bessert Magengeschwüre; kann bei der Behandlung von Fieber, einschließlich Typhus, Diarrhöe, Blutungen und Geschwürbildung eingesetzt werden, wird zur Darmreinigung oder als Brechmittel verwendet.
Seelisch: stärkt Geduld und Ausdauer; fördert die Entwicklung des kreativen Potenzials, Originalität und die Fantasie; harmonisiert die feinen Energiekörper, verleiht emotionale Stabilität und hilft Anerkennung und Profil zu gewinnen.
Verfügbar: selten.

Iolith siehe Cordierit

Jadeit*, allgemein

Körperlich: erhöht die Reaktionsfähigkeit durch die Stimulation der Nerven und Nebennieren; beugt Krampfadern und Besenreisern vor; hilfreich bei Appetitlosigkeit, Magersucht und Adipositas sowie bei erhöhtem Cholesterinspiegel und Diabetes; kann Fieber senken; wirksam bei Erkältung und Husten; mildert Menstruationsbeschwerden, Migräne und Schwangerschaftsbeschwerden; regt die Nierenfunktion an und gleicht die Meridiane und das gesamte Energiesystem aus.

Seelisch: schafft Einklang und Frieden zwischen physischen, emotionalen und gedanklichen Strukturen und verwandelt Negativität; wurde in vielen Kulturen als starker Schutzstein eingesetzt und um mit dem Jenseits gefahrlos in Kontakt zu treten, insbesondere beim Sterben; hilft tiefste innere Bedürfnisse und lang gehegte Wünsche zu verwirklichen; befähigt, innere Harmonie und das rechte Maß zu finden; fördert spielerische Selbstverwirklichung.

Jadeit, Lavendeljade*

Körperlich: wirkt entzündungs- und schmerzlindernd, insbesondere bei Herz-, Nerven- und Zahnbeschwerden.

Seelisch: hilft bei Kummer, Gemütsverstimmung, Lebensunlust, mangelndem Selbstbewusstsein, Enttäuschung und Problemen in der Beziehung, macht dynamisch und geistig beweglich.

Verfügbar: gering.

Jadeit, weiß

Körperlich: hilft bei Schilddrüsenerkrankungen, entgiftet das Bindegewebe, stärkt die Nieren, reinigt Lymphknoten, lässt Schwellungen abklingen, hilfreich bei Ödemen, stärkt die weißen Blutkörperchen und das Immunsystem; hilft nach Zusammenbrüchen wieder neue Kräfte zu mobilisieren; bessert Potenzschwäche.

Seelisch: wirkt geistig und emotional reinigend, fördert soziales Bewusstsein, Kunstsinn sowie Liebe zu Reinheit und Schönheit, schenkt Mut und Durchsetzungskraft und hilft sich rasch und richtig zu entscheiden.

Verfügbar: selten.

Jadeit-Albit

Körperlich: verbessert die Beweglichkeit und macht die Muskulatur geschmeidig; baut Knorpel, Sehnen und Bindegewebe auf; wirkt kühlend bei Verspannungen und Schmerzen.

Seelisch: schenkt Gelassenheit, nimmt Ängste; erlaubt sich auf andere einzulassen, ohne sich zu verlieren.

Verfügbar: selten.

Jamesonit*

Körperlich: hilft bei Erkrankungen des sympathischen Nervensystems; senkt Fieber; lindert Entzündungen und Schwellungen.
Seelisch: lehrt mit seiner Energie und Aufmerksamkeit bewusst hauszuhalten und verschafft Nüchternheit; hilft Pflichten zu erfüllen, Notwendigkeiten zu erkennen und Verantwortung zu übernehmen.
Verfügbar: selten.

Jaspis*, allgemein

Körperlich: wirkt immunstärkend, verdauungsanregend, fördert Entschlackung und Ausscheidung; aktiviert sanft Stoffwechsel und Kreislauf; gut für Bindegewebe und Haut.
Seelisch: macht wach, aufmerksam, interessiert, im Denken flexibel, aber bodenständig; vereinheitlicht Denken und Handeln; stärkt den eigenen Standpunkt.
Verfügbar: häufig.

Jaspis, beige, Elfenbein-Jaspis

Körperlich: lindert allergische Hauterscheinungen; macht trockene und rissige Haut elastischer.
Seelisch: hilft sich von unreflektiert übernommenen Meinungen zu lösen.
Verfügbar: häufig.

Jaspis, beige-braun, Cappuchino-Jaspis

Körperlich: stärkt Magen und Dickdarm und bessert die Ausscheidung.
Seelisch: hilft durch realistisches Organisieren effizienter zu werden.
Verfügbar: gering.

Jaspis, braun-grau, Bilder-Jaspis

Körperlich: entschlackt das Bindegewebe.
Seelisch: regt schöpferische Visualisierungen an und bringt verborgene Gefühle und Gedan-

ken ans Tageslicht; hilft sich in anstrengenden Phasen an einfachen Dingen zu erfreuen.
Verfügbar: häufig.

Jaspis, braun*

Körperlich: stärkt langfristig das Immunsystem über den Verdauungstrakt, wird bei Verdauungsstörungen, Durchfall wie Verstopfungen und Magengeschwüren eingesetzt; wirkt stärkend bei großer Verausgabung.
Seelisch: gibt Ausdauer und Kontinuität in allen Bestrebungen; macht etwas konservativ.
Verfügbar: häufig.

Jaspis, Brekzien-Jaspis

Körperlich: stärkt die Regeneration und Selbstheilungskräfte.
Seelisch: hilft das Ganze nicht aus den Augen zu verlieren und sich nicht zu verzetteln; hilft Fehler wieder gutzumachen und daraus zu lernen.
Verfügbar: häufig.

Jaspis, bunt

Körperlich: regeneriert das Funktionsgewebe der Organe.
Seelisch: fördert Kreativität und Fantasie; hilft Ideen umzusetzen; vermittelt eine interessierte und freudige Lebenshaltung.
Verfügbar: häufig.

Jaspis, gelb*, Eisen-Jaspis

Körperlich: wird gegen Bandscheibenbeschwerden eingesetzt; regt die Tätigkeit der Bauchspeicheldrüse an; kann bei Gallensteinen diese austreiben helfen; stärkt langfristig Immunsystem und Bindegewebe; wirkt gegen Lymphknotenschwellungen; hilft strapazierte Haut zu regenerieren und lindert leichten Juckreiz.

Seelisch: bringt Ausdauer, Sammlung und innere Ruhe; stärkt die Nerven und verbessert die intellektuelle Aufnahmefähigkeit, hilft Informationen besser zu verknüpfen und zu sortieren; hilft negative Erfahrungen besser zu verarbeiten.
Verfügbar: häufig.

Jaspis, grün

Körperlich: entgiftet das Bindegewebe und die Leber; wirkt hautreinigend; bessert Schilddrüsenüberfunktion und dadurch auch Schlaflosigkeit, wirkt entzündungshemmend bei Schleimbeutelentzündungen.
Seelisch: fördert Harmonie und Ausgeglichenheit; hilfreich bei Ängsten und Apathie; stärkt bei mangelndem Erinnerungsvermögen das emotionale Gedächtnis; lindert Nervosität, Schreckhaftigkeit, Stress, Unbesonnenheit; unterstützend bei Ziellosigkeit; gibt Standhaftigkeit und hilft ehrlich die eigenen Gefühle wahrzunehmen und sie auch nach außen zu vertreten.
Verfügbar: gering.

Jaspis mit Hämatit, Eisen-Jaspis

Körperlich: verbessert die Resorption von Eisen; erhöht die Leistungsfähigkeit und die Anpassungsfähigkeit des Organismus.
Seelisch: fördert Durchsetzungskraft, Ehrgeiz und Konfrontationsvermögen
Verfügbar: häufig.

Jaspis, Landschaftsjaspis

Körperlich: bessert Allergien der Haut und die Schuppenflechte; regt die Darmtätigkeit an und löst Verstopfung; beruhigt bei Nervosität und Aufregung.
Seelisch: stärkt Willenskraft und Durchsetzungsvermögen; fördert Realitätssinn und eine auf das Machbare ausgerichtete Fantasie, macht konservative Menschen tolerant und offen.
Verfügbar: gering.

Jaspis, Poppy-Jaspis

Körperlich: verbessert die Zusammensetzung des Blutes, belebt und stärkt Kreislauf, Regenera-

tionsfähigkeit und das humorale Immunsystem.
Seelisch: weckt schöpferische Kräfte, bringt Abwechslung und Freude ins Leben.
Verfügbar: gering.

Jaspis, rot, Peru Jaspis

Körperlich: regt den gesamten Stoffwechsel an und gibt körperliche Kraft; wird gegen Bauchschmerzen, Blähungen bei Kindern und gegen Durchfall eingesetzt, regt den Kreislauf an, verbessert die Durchblutung der Hände und Füße; wird zur Anregung der Sexualität und Empfängnisbereitschaft eingesetzt; lindert Menstruations- und Wechseljahrsbeschwerden sowie schmerzhafte Unterleibskrämpfe.
Seelisch: macht dynamisch und tatkräftig; fördert Konfliktbereitschaft, Mut und Willenskraft; verleiht gleichzeitig innere Zufriedenheit und wirkt gegen innere Unruhe; unterstützt die Arbeit mit Träumen.
Verfügbar: selten.

Jaspis, rotbraun

Körperlich: stärkt die Leber, fördert die Verdauung und damit den Stuhlgang, bessert den Geschmacks- und Geruchssinn; regelt das körperliche Gleichgewicht.
Seelisch: gibt Ruhe für seelische und geistige Arbeit, erleichtert das Verarbeiten von Emotionen und hilft mit beiden Beinen im Leben zu stehen und den Alltag zu bewältigen, wirkt gegen Benommenheit und Wirklichkeitsflucht.
Verfügbar: häufig.

Jaspis, Turitella-Jaspis

Körperlich: erhöht die Widerstandskraft gegen Elektrosmog, Strahlung und Temperaturschwankungen.
Seelisch: hilft Groll, Ärger und Schuldgefühle zu überwinden, sich auf seine Stärken zu besinnen und etwas zurückzuziehen; fördert die innere Stabilität.
Verfügbar: selten.

Jaspis, violett, Lavendeljaspis

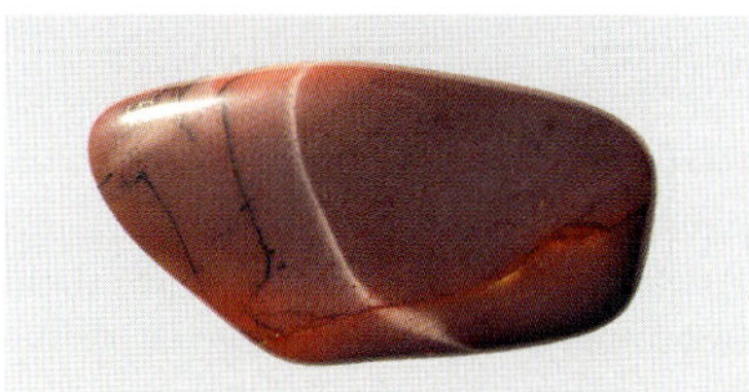

Körperlich: stärkt die Regenerationskraft des Körpers, die Lungen, die Haut und den Dickdarm.

Seelisch: wirkt entspannend und beruhigend, ohne dass Aktivität und Achtsamkeit nachlassen.
Verfügbar: gering.

Jaspis, Vulkanjaspis

Körperlich: reinigt das Blut, hilft in der Leber Giftstoffe abzubauen.
Seelisch: hilft Chancen und Risiken frühzeitig und richtig einzuschätzen und bei akuter Gefahr schnell zu reagieren.
Verfügbar: selten.

Kalkoolith*, Margarita

Körperlich: wirkt fiebersenkend, entschlackend und entgiftend; lindert stoffwechselbedingte Kopfschmerzen.
Seelisch: hilft sich auf sich selbst zu besinnen, erleichtert Innenschau und stille Meditation, lässt Gedanken langsam reifen und heranwachsen, vermittelt eine gelassene weise Lebenshaltung, unterstützt die Verbindung mit der Erde und dem weiblichen Prinzip.
Verfügbar: selten.

Karneol*, allgemein

Körperlich: stärkt den Kreislauf; verbessert den Tastsinn; aktiviert den Hautstoffwechsel; lässt Wunden schneller heilen; senkt den Cholesterinspiegel; verbessert die Mineral- und Nährstoffresorption im Dünndarm; angezeigt bei entzündlichen Prozessen und rheumatischen Beschwerden; schmerzlindernd bei Prellungen und Rückenschmerzen.
Seelisch: gibt frohen Lebensmut; lehrt das Schöne zu genießen; hilft gegen Verwirrung und schlechte Konzentration; hilfreich bei Ängsten; vermittelt Realitätssinn; fördert ein gesundes Selbstvertrauen; vermittelt Standfestigkeit, Verantwortungs- und Gemeinschaftssinn; verbessert die Beziehungen in der Familie und fördert den Zusammenhalt; regt die Kreativität an.
Verfügbar: häufig.

Karneol, gelb*, Chalcedon gelb

Körperlich: hilft bei Kreislauf- und Nervenschwäche.

Seelisch: fördert Zufriedenheit und Freude; bringt Beständigkeit in Gedanken und Tun, hilft, einfache Lösungen zu finden und diese zu vermitteln.
Verfügbar: häufig.

Karneol, gebändert, Karneolachat

Körperlich: stärkt Haut und Bindegewebe, unterstützt die inneren Organe.
Seelisch: hilft seine Mitte zu finden, seinen Willen zu stärken und mit der Aufmerksamkeit stärker bei der Sache zu bleiben, hilft Schritt für Schritt seine Grenzen zu erweitern.
Verfügbar: gering.

Karneol, orange

Körperlich: bessert das Blutbild; hilft bei Blutstauungen, Durchblutungsstörungen und Blutungen; wirkt bei Erkältung und hilft Fieber senken; bessert Parodontosebeschwerden und Zahnfleischbluten.
Seelisch: stärkt den Lebensmut, die Zuversicht und das Vertrauen in das Leben; verstärkt den Sinn für das Praktische.
Verfügbar: gering.

Kassiterit*

Körperlich: wird zum Fettabbau und zur Regulierung der Hormonproduktion verwendet; hilft das gesunde Gewicht zu erreichen.
Seelisch: hilft Hindernisse und Selbsteinschränkungen aufzulösen, um sich selbst näher zu kommen; dadurch gelingt es, mit Isolation, Abweisung und fremden oder den eigenen Zurückhaltungen besser umzugehen; unterstützt bei Suchtproblemen; erleichtert es, ohne Bewertung vieles gleichzeitig zu erfassen, unterstützt mathematisches Denken.
Verfügbar: selten.

Kernit*

Körperlich: trägt zur Entgiftung des Körpers über das Bindegewebe bei; bessert Entzündungen und Schwellungen; beeinflusst Thymus- und Schilddrüsenstörungen; löst Wassereinlagerungen und schwemmt diese aus.
Seelisch: stärkt das Selbstvertrauen, sodass Hemmungen überwunden und greifbare Ziele erreichbar sind; erhöht das Wahrnehmungsvermögen und löst unbewusste Überzeugungen auf.
Verfügbar: selten.

Kimberlit

Körperlich: entsäuert das Gewebe; unterstützt die Mineralstoffresorption im Darm.
Seelisch: hilft sich mit allen Gegebenheiten zu arrangieren; erleichtert den Verlust von Sicherheit, Strukturen und Gepflogenheiten; hilft Fremdes zu akzeptieren und zu integrieren.
Verfügbar: gering.

Klinochlor

Körperlich: entsäuert das Gewebe, wirkt entspannend; kräftigt Bindegewebe und die Muskulatur.
Seelisch: schützt vor Negativität, reduziert Stimmungsschwankungen, lässt Stress und Sorgen abgleiten, macht wach trotz eventueller Müdigkeit; weckt Interesse an besonderen Themen.
Verfügbar: selten.

Konichalcit

Körperlich: fördert die Entgiftung über die Wasserausscheidung; kann zur Behandlung von Nieren- und Blasenerkrankungen ver-

wendet werden, hilft bei erhöhter Schleimabsonderung.
Seelisch: stabilisiert und stärkt bei Veränderungen; hilft sich von irdischen Sorgen abzugrenzen; fördert Intuition, Vorstellungskraft; macht kompromissfähig und begünstigt Anpassungsfähigkeit; verstärkt neu getroffene Beschlüsse.
Verfügbar: selten.

Koralle*, allgemein

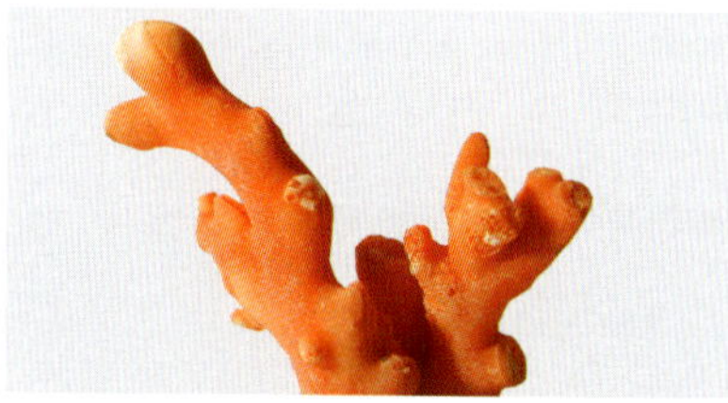

Körperlich: stärkt die Meridiane und versorgt sie mit Energie, wirkt auf die Wirbelsäule und vitalisiert das Knochenmark, verbessert die Stützkraft und Stabilität der Knochen; verbessert die Geweberegeneration.
Seelisch: stärkt den Gemeinschaftssinn, hilft sich als Teil eines Ganzen zu begreifen; erleichtert es, Dinge aus ihrem Werdegang heraus zu verstehen; fördert beim Menschen wie in Projekten eine natürliche und vitale Entwicklung.
Verfügbar: gering.

Koralle, blau

Körperlich: schwemmt Wasser aus dem Gewebe; stärkt die Bronchien, verbessert die Atmung

bei Beklemmung und zu geringer Sauerstoffversorgung; optimiert die Nährstoffresorption und stärkt die Darmfunktion; verbessert die Sinnesfunktionen; fördert taktiles Geschick und Koordination.

Seelisch: vermittelt Gemeinschaften ein Gefühl der Verbundenheit, hilft größere Zusammenhänge ins Bewusstsein einzubeziehen; hilft Konkurrenzdenken zu überwinden; sorgt für eine konstruktive und optimistische Einstellung.

Verfügbar: selten.

Koralle, rosa

Körperlich: wirkt noch stärker auf Milz, Thymusdrüse, Lymphe und weiße Blutkörperchen als Rote Koralle; regt die Tätigkeit der Schilddrüse an; wirkt sanft aphrodisisch.

Seelisch: erhöht die Sensitivität des Herzens; verbessert die Beziehungsfähigkeit.

Verfügbar: selten.

Koralle, rot*, Schaumkoralle*

Körperlich: stärkt Herz und Kreislauf; lindert Anämie, Blutungen, Krampfadern und die Kon-

traktionen der Blutgefäße; stärkt den Stoffwechsel durch die Aktivierung der Schilddrüse; hilft bei Atemnot und krampfhaftem Husten; regt die Entwicklung von roten und weißen Blutkörperchen an; bessert die Reaktion des Immunsystems.

Seelisch: fördert gefühlsmäßige Ausgeglichenheit; gibt Lebensfreude; lindert seelische und soziale Spannungen und Ängste; stärkt den Selbstausdruck.

Verfügbar: gering.

Koralle, weiß

Körperlich: gleicht Senilität und Konzentrationsschwäche aus; fördert die Geweberegeneration; reguliert den Lymphfluss und ist bei Lymphdrüsenerkrankungen hilfreich einzusetzen.

Seelisch: bewirkt Leichtigkeit; gibt ein Gefühl der Reinheit und Unversehrtheit; macht wählerisch.

Verfügbar: gering.

Krokoit*

Körperlich: fördert die Erholung nach körperlicher Anstrengung; wirkt sexuell anregend und behebt Störungen der Sexualorgane.

Seelisch: hilft bei akuten Schocks und Weltschmerz durch emotionale Verluste, auch bei Liebeskummer; regt Intuition und Kreativität an, erleichtert den einfachen und bewussten Übergang zwischen verschiedenen Situationen, Zuständen oder Leben.
Verfügbar: selten.

Kunzit*, Spodumen, rosa

Körperlich: wirkt bei Muskelverhärtungen; kann schmerzlindernd bei Nerven- und Sehnenscheidenentzündung, Zahn- und Rückenschmerzen wirken; vorbeugend gegen Thrombose; greift regulierend in die Schilddrüsentätigkeit ein; regt die Darmbewegung an; wirkt schützend auf die Blutversorgung und die Reizleitung des Herzens.
Seelisch: stärkt das Einfühlungsvermögen, die Erinnerungsfähigkeit, Gedächtnisleistung; macht frei und beschwingt sowie aufgeschlossen; hilft innere Widerstände zu überwinden, um unangenehme, aber notwendige Aufgaben zu erfüllen; stärkt die Nerven bei großer Belastung und ermöglicht schlagfertig und selbstbewusst zu handeln; begünstigt schöpferische Kreativität.
Verfügbar: gering.

Kupfer*

Körperlich: unterstützt die Durchblutung, auch bei Anämie; regt die Lebertätigkeit an; ist krampflösend bei Menstruationsschmerzen, fördert die weibliche Fruchtbarkeit; verbessert die Koordination der Gehirnhemisphären und des Körpers; lindert Arthritis, Rheuma, und Entzündungen des Innenohrs, macht Knorpelsubstanzen und Sehnen elastischer.
Seelisch: wirkt kräftigend auf das Selbstbewusstsein; hilft emotionale Ausgeglichenheit zu erreichen; fördert den Sinn für Schönheit; Kultur, regt Fantasie, Vorstellungskraft und Traumtätigkeit an; fördert Freundschaft, Liebe, Sinnlichkeit, und Sexualität; fördert Schlaf und Entspannung;
Verfügbar: häufig.

Labradorit*

Körperlich: wirkt ausgleichend auf den Kreislauf und den Herzrhythmus, wirkt blutdrucksenkend; regt die Nierentätigkeit an; aktiviert die Muskeln; bessert Schmerzen im Skelettsystem und an der Wirbelsäure; mindert Kälteempfindlichkeit und Wetterfühligkeit; hilft bei Krankheiten der Atemwege, des Halses, der Augen und des Herzens; hilft bei vielen allergischen, entzündlichen und schuppigen Hautveränderungen, lindert rheumatische Beschwerden und kann bei Gicht eingesetzt werden.

Seelisch: wirkt gegen Ängste, Misstrauen und Gefühlskälte; macht besinnlich und leicht introvertiert, regt Innenschau, Medialität, Kreativität und Fantasie an, stärkt das Erinnerungsvermögen, ermöglicht tiefe Gefühle zu empfinden, hilft karmische Belastungen aufzulösen und Illusionen zu durchschauen; verhilft zu tiefem Schlaf mit erinnerbaren Träumen.

Verfügbar: häufig.

Labradorit, Galaxyit

Körperlich: beruhigt den Herzschlag und den Kreislauf, wirkt kühlend bei Entzündungen; unterstützt die Nieren.

Seelisch: hilft herauszufinden, was einen selbst und andere glücklich macht; hilft seine Gefühle und Wahrnehmungen ernst zu nehmen und diese weiter zu verfeinern; hilft die Dinge auf allen Ebenen zu erfahren.

Verfügbar: selten.

Labradorit, Spektrolith

Körperlich: vitalisiert und gleicht mittels der Hirnanhangsdrüse die Tätigkeit aller Drüsen aus, harmonisiert das Sonnengeflecht.

Seelisch: fördert gute Einfälle, Ideen und Intuition, lässt schlummernde Potenziale reifen und sorgt für Durchbrüche bei Blockierungen,

Erstarrungen und Einseitigkeit, ordnet die Gedanken bei Sorgen und Grübeleien, hilft sich an den positiven Möglichkeiten und dem inneren Reichtum auszurichten.

Verfügbar: selten.

Labradorit, weiß, Regenbogen-Mondstein

Körperlich: lindert Gelenkbeschwerden und Verspannungen, gibt ein gutes Körpergefühl; reguliert den weiblichen Hormonzyklus.

Seelisch: fördert den Gefühlsausdruck, bringt herzliche Offenheit und geistige Weite; lindert Zerstreutheit, verbessert die Konzentration, die Beobachtungsgabe und das Einfühlungsvermögen.

Verfügbar: gering.

Lapislazuli*

Körperlich: hilfreich bei Halsschmerzen, Heiserkeit, Schluckbeschwerden und Erkältungskrankheiten; wirkt entzündungshemmend, besonders im Halsbereich; krampflösend, blutdrucksenkend, nervenberuhigend, Hormonzy-

klen verlangsamend, Menstruationsbeschwerden erleichternd; verbessert die Sehkraft und das Hörvermögen; lindernd bei blutdruckabhängigem oder seelisch bedingtem Kopfschmerz.
Seelisch: fördert Gelassenheit und die Integration aller Wesensanteile; dämpft Übererregbarkeit sowie Beklemmungen und Gefühlskälte; fördert Selbstkontrolle und Vertrauen, stärkt das Gewissen und die Wahrheitsliebe; löst einengende Verhaltensmuster auf und hilft Zurückhaltungen auszusprechen, Kritik zu üben und einzustecken; schafft über Eindrücke, Bilder und Stimmungen einen Zugang zu höheren Wissensspeichern und dehnt das Raumgefühl und die Aura stark aus.
Verfügbar: häufig.

Lapislazuli mit Calcit, Fleck-Lapis

Körperlich: wirkt fieber- und blutdrucksenkend, verlangsamt den Menstruationszyklus; kann bei geringem Pyrit-Anteil das Auftreten der Periode um bis zu zwei Wochen verzögern.
Seelisch: fördert Selbstverantwortung, Besonnenheit und Authentizität.
Verfügbar: häufig.

Larimar*, Pektolith blau bis grün

Körperlich: baut die Selbstheilungskräfte des Körpers auf; stimuliert die Gehirntätigkeit; beruhigt bei Hals- und Mandelentzündungen; stärkt die Knochen und fördert das Wachstum der Kinder; kann Asthma und Beklemmung lindern.
Seelisch: wandelt passive Opferhaltung und lässt die Ereignisse aus einer neuen Perspektive betrachten, hilft das eigene Leben selbst in die Hand nehmen; unterstützt Präzision und Direktheit im Handeln, erlaubt Schuld einzugestehen und belohnt Ehrlichkeit mit Liebe und Frieden; stärkt die Selbstdisziplin; bringt innere Ruhe bei schwerer Belastung, unterstützt Reflektion und das Finden kreativer Lösungen; hilft den eigenen geistigen Raum zu vergrößern bzw. ihn einzunehmen; löst energetische Blockaden, vertreibt fremde Wesenheiten aus dem eigenen Bereich, erhöht die Sensibilität wenig empfindsamer Menschen.
Verfügbar: gering.

Larvikit, Syenit

Körperlich: wirkt kühlend und blutdrucksenkend; reinigt das Gewebe.
Seelisch: reduziert Emotionalität, hilft die Dinge so zu sehen, wie sie sind; hilft Schwieriges zu vereinfachen und unmittelbar zu lösen.
Verfügbar: selten.

Lavendelquarz

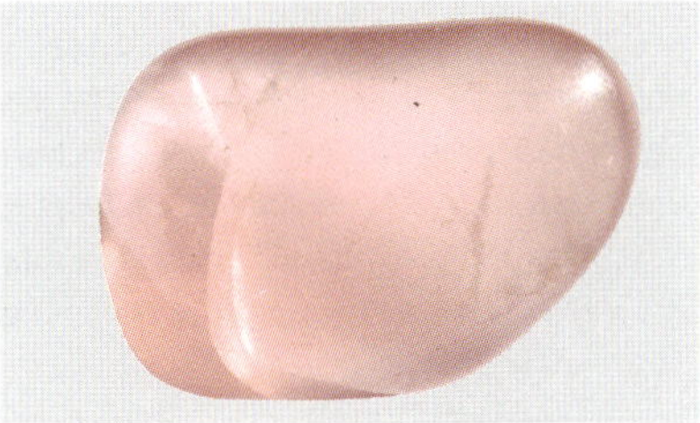

Körperlich: bessert Nervenentzündungen und Nierenerkrankungen; wird bei fettiger und unreiner Haut eingesetzt; wirkt blutdrucksenkend; stimuliert die Drüsentätigkeit.
Seelisch: hilft sich in andere hineinzuversetzen, fördert Taktgefühl und soziale Kompetenz; hilft sich zurückzunehmen; verbessert die feine Wahrnehmung.
Verfügbar: gering.

Lazulith*

Körperlich: verbessert die Aufnahme von Magnesium, Silizium, Zink und Phosphor; beschleunigt die Heilung von Knochenbrüchen; stimuliert Epiphyse und Hypophyse und harmonisiert den Hormonhaushalt; beruhigt und stärkt die Nerven und lässt allgemeine Überanspannung abklingen; spendet Energie und Ausdauer.
Seelisch: mildert Ärger und Frustration; schafft Einsicht in die Grundlagen eines Problems; erleichtert es, Charakterschwächen zu überwinden; hilft sich an geistigen Idealen auszurichten.
Verfügbar: selten.

Lepidolith*

Körperlich: wirkt schmerzlindernd; fördert die Verdauung; hilft bei Ischias- und Nervenschmerzen; regt Reinigungsprozesse der Haut und des Bindegewebes an; entspannt und festigt spröde, gereizte Haut, lindert Juckreiz und kann bei Psoriasis helfen; behebt Schlafstörungen; aktiviert das Hormonsystem.
Seelisch: angezeigt bei Stress, Unruhe, Ängsten und Ärger; mindert Stress und Niedergeschlagenheit; zeigt sensible Punkte auf; schützt die Aura vor äußerer Beeinflussung; beseitigt Erinnerungen und Misshandlungstraumen aus der Kindheit.
Verfügbar: gering.

Leucit*

Körperlich: wirkt gegen Überproduktion weißer Blutkörperchen und Anämie; mildert Bluthochdruck und Schwächeanfälle; fördert eine wirksame Nutzung der Kohlehydrate; stabilisiert die Körpertemperatur.
Seelisch: verleiht Energie und den Mut zum Risiko; fördert inneres Wachstum; hilft sich an frühere Leben zu erinnern.
Verfügbar: selten.

Limonit*

Körperlich: stärkt Knochen und kann bei der Behandlung von Störungen im Skelettsystem verwendet werden; lindert Symptome von Dehydration, vor allem Störungen der inneren Organe; bessert die Verwertung von Eisen und Calcium: wirkt fiebersenkend.
Seelisch: verleiht innere Stärke; initiiert positive Veränderungen im Leben; gibt dem Charakter mehr Substanz und schützt vor schädlichen Gedanken und getrübter Sichtweise; bringt Stabilität und Zufriedenheit ins Leben.
Verfügbar: gering.

Magnesit*

Körperlich: fördert den Magnesiumstoffwechsel; wirkt krampflösend bei Migräne, Kopfschmerzen, Koliken und bei Geburten; lindert Wadenkrämpfe; greift hemmend in die Blutgerinnung ein und vermindert die Thrombosebildung; wirkt erweiternd auf arterielle Gefäße; aktiviert den Fettstoffwechsel, senkt den Cholesterinspiegel; beugt Arteriosklerose und Herzinfarkt vor.
Seelisch: verbessert die Konzentration, geeignet für überempfindliche, gereizte und heftig reagierende Menschen; vermittelt Gelassenheit und Entspannung; bekämpft Angst, Druck und Nervosität; hilft seelische Verstimmungen zu mildern; stimuliert die bedingungslose Liebe des Herzens wie auch die Leidenschaft; leitet negative Gefühle ab; gegen Enttäuschung bei unerfüllten Erwartungen.
Verfügbar: häufig.

Magnesit-Knollen

Körperlich: wirkt besonders auf Gehirn, Magen und Gedärme.
Seelisch: fördert Flexibilität und Nachgiebigkeit.
Verfügbar: gering.

Magnetit*

Körperlich: verbessert die Durchblutung und die Sauerstoffaufnahme im Blut; regeneriert Leber und Galle; schmerzlindernd bei Ischialgie; beschleunigt die Heilung von Knochen-

brüchen; bessert Prostatabeschwerden; lindert Kopfschmerzen; stimuliert die Hirnanhangsdrüse und reguliert den Hormonhaushalt; aktiviert die Bauchspeicheldrüse; reguliert den Blutzuckerspiegel; verbessert das Gleichgewichtsempfinden, lindert Rheuma und Nervenschmerzen, kann bei Geschwülsten und im Frühstadium von Krebs helfen.

Seelisch: vertreibt Angst, Kummer und Wutgefühle; bessert Apathie, Lebensunlust und mangelndes Selbstbewusstsein, schlechtes Reaktionsvermögen und Unentschlossenheit; schenkt Vitalität, Willenskraft und Tatkraft; vermittelt geistige Orientierung; erdet und zentriert, hilft Spannung abzuleiten und die Aura auszurichten.

Verfügbar: gering.

Malachit*

Körperlich: verhindert Gallenkoliken; verbessert alle Herzbeschwerden; schafft Hilfe bei Regelschmerzen, besonders bei psychischen Hintergründen; ist hilfreich bei Unfruchtbarkeit; erleichtert die Geburt und mindert Geburtsschmerzen; wirkt schmerzlindernd bei Bandscheibenbeschwerden, Hexenschuss und Ischias; wirksam bei Keuchhusten; lindert krampfartige Schmerzen und Migräne, lindert Schilddrüsendysfunktion; hilfreich bei Sehstörungen und allen psychosomatischen Erkrankungen, besonders wenn sie auf Ablehnung oder auf Verdrängung der Sexualität beruhen.

Seelisch: angezeigt bei Frustration, Lebensüberdruss, seelischer Belastung, Unausgeglichenheit, Unentschlossenheit; bringt verborgene Gefühle an die Oberfläche; macht unterdrückte Wünsche und Sehnsüchte bewusst; stärkt die Vorstellungskraft, die Beobachtungsgabe und die Entscheidungsfähigkeit; gibt emotionale Direktheit und unverblümte Ehrlichkeit; fördert die Konzentration; regt bilderreiche Träume und Fantasie an; führt zu Fülle und innerem Reichtum aufgrund intensiver Begegnungen.

Verfügbar: häufig.

Markasit*

Körperlich: regt die Leberfunktion und alle Entgiftungsvorgänge des Körpers an; kann zur Behandlung von Hautausschlägen, Muttermalen, Warzen und Sommersprossen eingesetzt werden.

Seelisch: lässt den Blick auf sich selbst werfen, um das Selbstbild erweitern und unerwünschte Wesenszüge verändern zu können; fördert die Selbsterkenntnis; bringt ungelebte Wünsche ans Licht; hilft Angepasstheit aufzugeben; vermittelt das Gefühl, mit Problemen und Schwierigkeiten besser fertig zu werden; beruhigt bei übermäßiger Erregung; hilft den Krankheitshintergrund zu durchschauen.

Verfügbar: gering.

Marmor*

Körperlich: regt den Calciumstoffwechsel an; stärkt die Knochen und wirkt vorbeugend gegen Osteoporose; fördert die Entwicklung des Kindes; regt das Immunsystem an; wirkt gegen Verhärtungen von Haut und Blutgefäßen; lindert viele Frauenleiden, verjüngt das Gewebe und die Haut.
Seelisch: steigert Tatkraft und Kreativität; gibt Mut und Kraft; hilft unglückliche Lebensumstände zu wandeln; hilft sich von Unzufriedenheit zu lösen und neue Perspektiven und kreative Problemlösungen zu finden; steigert so die Zufriedenheit im Leben; wirkt gegen Apathie, spricht auf Überaggressivität des Verstandes bei gleichzeitiger Untätigkeit an.
Verfügbar: häufig.

Marmor, Zebra-Marmor

Körperlich: fördert Entschlackung und Ausscheidung, stärkt Nieren, Darm, Gewebe und Haut, entlastet das Herz.
Seelisch: hilft Trägheit und Selbstmitleid zu überwinden und Verantwortung für sein Leben zu ergreifen; hilft gegen Bevormundung und Ausbeutung anzugehen.
Verfügbar: gering.

Meteorit*, allgemein

Körperlich: tonisiert, aktiviert das Energiesystem; stärkt die Nerven.
Seelisch: verringert irrationale Ängste und stärkt das Vertrauen ins Leben; fördert Eingebung, Intuition und Zufall; thematisiert das Transzendente und Schicksalhafte; setzt tiefe seelische Bilder frei, die bisherige Werte in Frage stellen, aber neue Betrachtungen und neuen Lebenssinn eröffnen können.

Meteorit, Eisenmeteorit*

Körperlich: baut Muskulatur und Kondition auf, löst und vermeidet Krämpfe, bessert Anämie; verringert Nervosität und erhöht die Belastbarkeit bei Stress.
Seelisch: fördert Tatimpuls, Entschlusskraft und mobilisiert bei Bedarf spontan Energie; verbessert die Selbstkontrolle und steigert die Willenskraft.
Verfügbar: selten.

Meteorit, Eisen-Nickel-Meteorit

Körperlich: baut Muskulatur auf, regeneriert und entspannt; wirkt stark entgiftend auf das Gewebe.
Seelisch: hilft innere Bilder zu visualisieren und sich von belastenden Erfahrungen zu befreien und sich geistig zu reinigen.
Verfügbar: selten.

Meteorit, Steinmeteorit

Körperlich: kann bei Verstopfung und Durchfall helfen.
Seelisch: bringt neue Impulse, Ideen und Realitäten mit, befruchtet und reinigt unseren Planeten und unser Bewusstsein; bringt Zähigkeit, Stärke und Ausdauer.
Verfügbar: selten.

Meteorit, Pallasit*

Körperlich: entgiftet und stärkt Leber, Galle, Darm und Muskulatur.
Seelisch: erinnert an die Herkunft als geistiges Wesen, verbessert jedoch auch die Verbundenheit mit dem Planeten Erde; befreit von Fremdbestimmung und Gebundenheit; erleichtert Entscheidungen; hilft sich von Unnützem zu trennen; hilft die eigene Motivation zu hinterfragen und seine Seele zu ergründen.
Verfügbar: selten.

Mimetesit*

Körperlich: verbessert die Beweglichkeit bei Knochenerkrankungen, kann bei Wirbelsäulenerkrankungen eingesetzt werden.
Seelisch: verringert die Neigung, Gewohnheiten, Verhalten und Lebensstil anderer zu imitieren, fördert Eigenständigkeit und Unabhängigkeit; hilft seinen eigenen Weg unbeirrt zu gehen, unterstützt die Kommunikation; sorgt bei Channeling für klaren Empfang und schützt den Wissensempfänger.
Verfügbar: selten.

Moldavit*

Körperlich: lindert Anämie und verbessert Beschwerden der Atemwege; wirkt bei grippalen Infektionserkrankungen; lindert Asthma und Engegefühle; beruhigt bei nervösen Herzbeschwerden; löst die körperlichen Folgen früherer Schockerlebnisse und deckt weitreichend die Ursachen und Hintergründe von Störungen auf, lindert bei psychischen Hintergründen Magenbeschwerden und Unverträglichkeiten sowie Verspannungen im Kiefer- und Beckenbereich.
Seelisch: stärkt die Einfühlungsgabe und Hellsichtigkeit; löst die Aufmerksamkeit von materieller Verhaftung; gibt Urvertrauen zurück und nimmt die Angst vor Verlusten, schenkt Leichtigkeit und Heiterkeit, befreit die Emotionen; bringt spontane, unkonventionelle Ideen und Problemlösungen; beflügelt die Fantasie; fördert auch luzide Träume; wirkt gegen übermäßige Empfindsamkeit und Schüchternheit; gibt Kraft, Prüfungen und Schwierigkeiten durchzustehen.
Verfügbar: gering.

Mondstein*

Körperlich: regt die Zirbeldrüse an und gleicht das hormonelle Geschehen an den Mondzyklus an; harmonisiert die hormonelle Umstellung während der Pubertät, im Wochenbett und im Klimakterium; wirkt auf die Knochen, beugt Osteoporose vor; beeinflusst das Lymphsystem; gut bei hormonell bedingter Schilddrüsendysfunktion sowie Hauterkrankungen; regt die Milchproduktion an; angezeigt bei Diabetes, Mondsüchtigkeit; hilft bei Ödemen und Warzen.
Seelisch: verbessert die Traumerinnerung und lindert Mondsüchtigkeit; wirkt beruhigend bei irrationalen Ängsten; mindert emotionale Konflikte und Gefühlskälte, Stress, Unausgeglichenheit; steigert das Gefühlsempfinden; erleichtert den Zugang zum Unterbewusstsein und hilft alle Emotionen zu integrieren; fördert Einfühlungsvermögen und die Verbindung mit den Kräften der Natur; weckt vielfältige Interessen und ermutigt, diese ausgiebig zu verfolgen.
Verfügbar: häufig.

Mondstein, bunt

Körperlich: beruhigt gereizte Haut.
Seelisch: beruhigend, erdend; verbessert das Verhältnis zum Körper und stärkt die Identifikation mit dessen Vorgängen.
Verfügbar: häufig.

Mondstein, transparent mit Lichtlauf

Körperlich: optimiert die hormonellen Prozesse.

Seelisch: weckt Medialität und verfeinert die Intuition; vermittelt Empfindungstiefe, Ahnung und Weisheit.
Verfügbar: selten.

Mookait*, allgemein, mehrfarbig

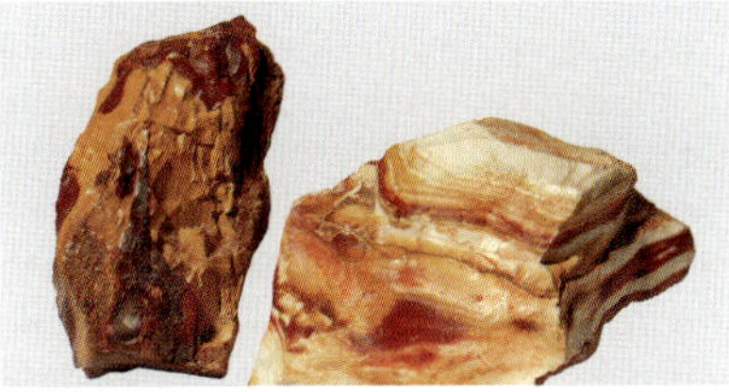

Körperlich: bessert viele Hauterscheinungen; regt die Entgiftung des Gewebes an; hilft die Gesundheit langfristig zu stabilisieren; kräftigt Milz und Leber.
Seelisch: fördert geistige Flexibilität; schafft Ausgleich zwischen Extraversion und Rückzug, Dynamik und Ruhe; fördert inneren Frieden, Anpassung und Geborgenheit; begünstigt angenehme Zufälle und Begegnungen im Leben; ist ein idealer Begleiter auf Reisen, da er aufgeschlossen, optimistisch, abenteuerlustig, aber nicht waghalsig macht und immer mit Herz und Verstand dabei ist.
Verfügbar: gering.

Mookait, creme

Körperlich: stärkt das Immunsystem und beschleunigt den Heilungsprozess bei Vereite-

rungen; ebenso bei Ekzemen, Abszessen, Furunkeln und Neurodermitis; fördert bei trockenem Husten die Schleimbildung, ebenso bei Erkrankungen der Stirn- und Kieferhöhlen; stärkt die Bauchspeicheldrüse; findet bei Parkinson-Krankheit Verwendung.
Seelisch: fördert Gelassenheit und Neutralität.
Verfügbar: gering.

Mookait, rot*

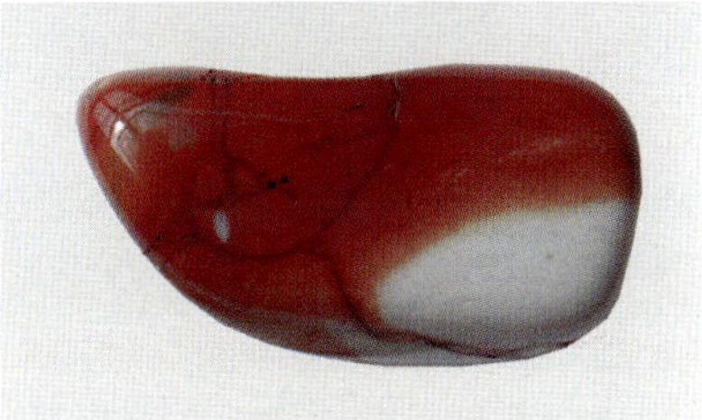

Körperlich: verbessert die Bindegewebsentschlackung; bei verlängerten Blutungszeiten und Tendenz zu blauen Flecken; fördert die Wundheilung.
Seelisch: macht dynamisch bei Lethargie; macht spontan, unvoreingenommen und hilft Chancen zu ergreifen.
Verfügbar: gering.

Mookait, violett

Körperlich: aktiviert die Thymusdrüse und wird nach Operationen zur Nachbehandlung eingesetzt; entstresst und lindert Schmerzen.

Seelisch: schenkt Vertrauen in das Leben, hilft sich führen zu lassen; gibt Einsicht und Erkenntnis.
Verfügbar: gering.

Moosachat*, grün

Körperlich: senkt zu hohen Cholesterinspiegel; regt die Insulinproduktion der Bauchspeicheldrüse an; entgiftet den Körper; wirkt schleimbildend bei trockenem Husten; regt den Lymphfluss an; wird bei hartnäckigen Infektionen der Lunge, Atemwege und bei Nebenhöhlenentzündung eingesetzt; aktiviert die Milchdrüsen beim Stillen; verbessert die Verdauung, lindert Wetterfühligkeit.
Seelisch: hilft bei Aggression, Kummer und Wut, macht ruhig und verständig, entwickelt die soziale Seite des Menschen und stärkt die Verbundenheit mit der Natur; gegen Unentschlossenheit und Zwanghaftigkeit; greift positiv in das Suchtverhalten ein; bringt Inspiration und neue Ideen; ermöglicht, sich von tiefsitzenden Ängsten und geistigen Ketten zu befreien; erschließt unterdrückte sexuelle Gefühle.
Verfügbar: gering.

Moosachat, rosa

Körperlich: hilft bei chronischer Verstopfung, wenn die Darmtätigkeit durch Einnahme von Abführmittel zum Stillstand gekommen ist, auch bei Durchfall; entgiftet, entschlackt und stärkt den Lymphfluss, fördert die Sekretion der Verdauungsenzyme; verbessert die Darmflora und lindert Entzündungen im Magen-Darm-Trakt.
Seelisch: hilft Eindrücke geistig zu verarbeiten; hilft Ekel, Abscheu, Rachegelüste und Gereiztheit zu überwinden; lässt Empfindlichkeit, Angst vor Verletzungen und Schutzbedürfnis zugunsten seelischer Stabilität und offener spielerischer Lebenshaltung weichen.
Verfügbar: gering.

Moqui Marbles*

Körperlich: wirken regenerierend, wenn man dem anfangs erhöhten Schlafbedürfnis nachgibt, und können chronische Beschwerden durch die verstärkte Aktivität des Immunsystems zunächst »hochholen«; fördern die Ei-

senaufnahme und die Bildung roter Blutkörperchen sowie die Durchblutung, verbessern die Schutzfunktion der Haut.
Seelisch: verbessern die Koordination und Beweglichkeit im Raum sowie das Raumgefühl; stärken das Körperbewusstsein; fördern allgemeines Wohlbefinden; entspannen und erleichtern das Einschlafen und verleihen tiefen, traumlosen Schlaf; ermutigen, das Leben tatkräftig, kreativ und konstruktiv zu gestalten, bereiten der Zukunft den Boden; schätzen gute Gesellschaft, Genuss und Gemütlichkeit.
Verfügbar: häufig.

Muskovit

Körperlich: lindert vegetative Störungen, Zittern, Nervosität und Herzbeschwerden; bei Magen-, Gallen- und Nierenbeschwerden.
Seelisch: hilft bei Provokationen, Intrigen oder offenen Angriffen gelassen und unbeeindruckt zu bleiben, hilft Gedanken klar zu formulieren; macht wach und achtsam, lässt eine schützende Distanz; hilft sich bei Ungewissheit und Zweifeln Klarheit zu verschaffen und sich optimistisch auf die Zukunft auszurichten; tröstet bei Kummer.
Verfügbar: gering.

Naturglas, Fulgurit

Körperlich: stärkt Thymusdrüse, Bänder, Sehnen und Nervengewebe, hilft Vitamin A und C aufzunehmen; hilft bei Beschwerden von Oh-

ren, Nase, Kehle, Speiseröhre und Verdauungstrakt.
Seelisch: verbessert mediale Wahrnehmungsfähigkeiten.
Verfügbar: selten.

Nebel-Quarz, siehe Girasol-Quarz

Nephrit*

Körperlich: optimiert den Wasserhaushalt, beschleunigt den Heilungsvorgang bei Blasen- und Nierenerkrankungen; wirkt auf schlecht heilende Wunden, lässt kleine Verletzungen zügig verheilen; giftausleitend; krampflösend bei Koliken.
Seelisch: hilft bei Entscheidungsschwierigkeiten, Kummer und sinnlosen Sorgen; stärkt den Willen und das Durchhaltevermögen; angezeigt bei Apathie und Unausgeglichenheit; gegen depressive Verstimmungen und Lebensunlust; schützt vor Aggression; stärkt Verantwortungsgefühl und Opferbereitschaft; hilft die eigene Identität zu wahren, wenn man

unter Druck gesetzt und geistig angegriffen wird; macht kreativ und handlungsfreudig; regt kreatives Träumen an und löst Albträume.
Verfügbar: gering.

Nickelin

Körperlich: hilfreich bei Hautausschlägen und Knoten im Gewebe.
Seelisch: hilft bei selbstzerstörerischem und gefährdendem Verhalten, Rücksicht auf sich und andere zu nehmen.
Verfügbar: selten.

Obsidian*, allgemein

Körperlich: verbessert die Aufnahme von Vitamin A und D; bessert die periphere Durchblutung und hilft bei kalten Händen und Füßen; löst Energieblockaden und Schocks auf zellulärer Ebene auf; fördert die Wundheilung, besonders bei Schnittverletzungen.
Seelisch: löst Angst, Schock und Traumatisierungen auf; verbessert die Wahrnehmung; macht verborgene Emotionen, schmerzhafte Erlebnisse oder verdrängte Gedanken bewusst; fördert Verlorenes und Verschüttetes an den Tag; spirituelle Fähigkeiten wie Auralesen und Vorauswissen können intuitiv wiedererlangt werden.
Verfügbar: häufig.

Obsidian, Goldobsidian

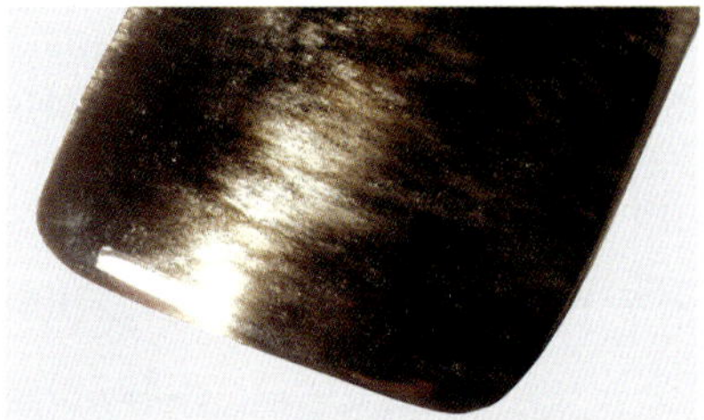

Körperlich: beschleunigt die Heilung von Verletzungen, Wunden, Zerrungen, Prellungen und Verstauchungen.
Seelisch: hilft Negativität, Schwarzseherei und Verlustdenken zu überwinden und die zugrunde liegenden Erfahrungen zu verarbeiten.
Verfügbar: selten.

Obsidian, Mahagoni-Obsidian*

Körperlich: regt die Durchblutung an; erwärmt Hände und Füße; hilft Blutungen zu stillen und Wunden zu heilen; stärkt Haut, Haare, Nägel, Knochen und die Wirbelsäule.
Seelisch: lässt nach einer Regenerationsphase die Lebensenergie kraftvoll fließen; aktiviert das logische Denken und bewahrt vor unbe-

gründeten Ängsten; macht gegen plumpe Übergriffe immun.
Verfügbar: gering.

Obsidian, Rauch-Obsidian, Apachenträne

Körperlich: lindert Muskelkrämpfe; bessert Rückenbeschwerden und Verstauchung; wird bei Verdauungs-, Magen- und Darmstörungen eingesetzt; löst punktuelle Schmerzen auf.
Seelisch: lindert Depressionen und vertreibt Zukunftsängste; fördert analytische Fähigkeiten und vertreibt Schicksalsgläubigkeit.

Obsidian, Regenbogen-Obsidian

Körperlich: bessert die periphere Durchblutung; hilft bei Sehschwäche.
Seelisch: weckt innere Zufriedenheit, zeigt neue Blickwinkel, bringt neue vertiefte Erfahrungen, belebt und erfrischt den ermüdeten und festgefahrenen Geist; gut bei blockierter Kreativität.
Verfügbar: selten.

Obsidian, schwarz

Körperlich: gut bei Asthma und Gefäßverengungen.
Seelisch: hilft ungelebte und abgelehnte Aspekte seiner selbst anzunehmen und zu integrieren; hilft vollständig und unangreifbar zu werden.
Verfügbar: gering.

Obsidian, Schneeflocken-Obsidian*

Körperlich: hilft sogar bei Raucherbein, schmerzlindernd bei rheumatischen Beschwerden.
Seelisch: macht lebendig und spontan; hilft das innere Kind zu leben; hilft mit Verwirrung und Überraschungen umzugehen.
Verfügbar: gering.

Obsidian, Silber-Obsidian

Körperlich: beschleunigt die Heilung bei Blockaden.
Seelisch: fördert Geduld und Durchhaltevermögen; offenbart in der Meditation ein Gefühl

der unendlichen Weite des Alls, vermittelt neue übergeordnete Perspektiven und zeigt, wie groß man als geistige Wesenheit tatsächlich ist; stärkt den Verstand und schützt das Gefühl.
Verfügbar: selten.

Olivin

Körperlich: hilft Fremdkörper auszuscheiden, harmonisiert den Stoffwechsel und stimmt die Organfunktionen aufeinander ab.
Seelisch: bringt Körper und Seele in Einklang; verbessert die Selbstwahrnehmung; bewirkt Sammlung, Kräftigung, Reinigung und Schutz.
Verfügbar: selten.

Onyx*

Körperlich: bessert Asthmaanfälle; stärkt die Nerven und verbessert alle Sinne und die Wahrnehmung; angezeigt bei tränenden Augen und Sehschwäche; hilft bei Erkrankungen des Innenohrs, Gleichgewichtsstörungen, Hörgeräusche und Hörsturz; bessert Durchblutungsstörungen und Fieber; lindert Sonnenbrand und Wetterfühligkeit; unterstützend bei Harnblasenentzündung, Krämpfen, übersäuertem Magen, Diabetes, Nierenleiden, bei schlechter Narben- und Wundheilung; fördert das Wachstum von Haut, Nägel und Haaren.
Seelisch: verschafft Befriedigung und Anerkennung, wenn durch Willenskraft und Sammlung hohe Qualität erzielt wurde; wirksam bei Ängsten, Melancholie und Trauer; fördert das Selbstbewusstsein und Durchsetzungsvermögen; schult das logisch-analytische Denken; verbessert Konzentration, Argumentation, Disziplin, Selbstkontrolle und Bedachtsamkeit.
Verfügbar: gering.

Opal* allgemein

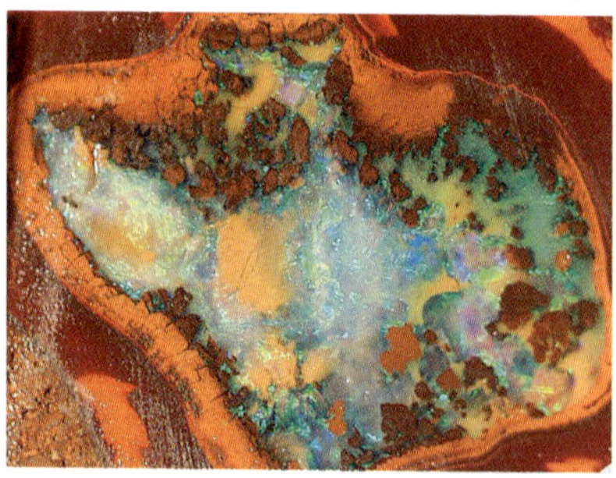

Körperlich: angezeigt bei Blutarmut, Dickdarmentzündung, Halsentzündung, Hautausschlag, Kiefervereiterung, Lebererkrankung, Leberzirrhose, Magenschleimhautentzündung, Magersucht, Potenzschwäche, Rheuma, se-

xueller Unlust, regt den Wasserhaushalt an; bei mangelnder Tränenbildung, Trockenheit der Atemwege, ungenügendem Lymphfluss.
Seelisch: lindert bei Beklemmungen, öffnet bei Zwanghaftigkeit, Verklemmtheit, Ängstlichkeit, Berührungsängsten, fördert Akzeptanz, Spontaneität, Freude und kindliche Unschuld; hilft das Leben leicht zu nehmen.

Opal, blau

Körperlich: erleichtert die Aufnahme von Eisen; senkt Blutdruck und Fieber.
Seelisch: gibt intuitives Verstehen und gutes Einfühlungsvermögen; hilft Persönliches so mitzuteilen, dass man verstanden wird.
Verfügbar: selten.

Opal, Boulder-Opal

Körperlich: steigert die Resorption von Nährstoffen in der Zelle und im Darm, vitalisiert und verjüngt.
Seelisch: hilft Freude zu erleben, auszudrücken und damit anzustecken.
Verfügbar: gering.

Opal, Chlor-Opal

Körperlich: regt die Reinigungsfunktion der Körperflüssigkeiten, der Leber und der Nieren an.
Seelisch: fördert Direktheit.
Verfügbar: selten.

Opal, Chrysopal

Körperlich: fördert die Ausscheidung, stärkt die Nieren und entgiftet, bessert Wassereinlagerungen; gut bei Erkältungen, fieberhaften Erkrankungen und zur Stärkung des Immunsystems.
Seelisch: hilft sich vom Leben staunend berühren zu lassen und auf Entdeckungsreisen zu gehen; hilft mit Veränderung umzugehen; mildert Angst vor Dunkelheit und Einsamkeit; gegen Antriebslosigkeit, Depressionen und Gereiztheit; wirkt stimmungsaufhellend und hilft zurückgehaltene Gefühle auszudrücken.
Verfügbar: gering.

Opal, Hyalith, Wasseropal

Körperlich: zur Erleichterung der Entbindung; regt den Wasserhaushalt an; verbessert die Gesichtssinne und den Instinkt.
Seelisch: klärt Empfindungen, Wünsche und Gefühle, gibt Beweglichkeit; hilft der Intuition zu folgen und sich führen zu lassen.
Verfügbar: selten.

Opal, Karneol-Opal

Körperlich: verringert die Blutgerinnung und hilft bei Thrombosegefahr.
Seelisch: hilft Ideen und Wünsche konkret und zielgerichtet zu verwirklichen; macht vernünftig.
Verfügbar: selten.

Opal, Kascholong

Körperlich: stimuliert die Entgiftung der Haut und des Gewebes.
Seelisch: bewirkt Liebe zum Einfachen, zeigt die Vergänglichkeit der Dinge auf.
Verfügbar: selten.

Opal, Kristall-Opal

Körperlich: verbessert die Regulationsfähigkeit aller Organsysteme, bringt Beweglichkeit und Vitalität.
Seelisch: bringt Lebensfreude, vertieft die Empfindungsfähigkeit, macht emotional beweglich und fördert Kunst und Geist.
Verfügbar: selten.

Opal, Milch-Opal

Körperlich: wirkt auf Niere, Blase und den Wasserhaushalt.
Seelisch: fördert den Gemeinschaftssinn.
Verfügbar: selten.

Opal, Pink-Opal

Körperlich: hilft bei Herzneurosen und vielen Herzbeschwerden.
Seelisch: bringt Gelassenheit und Abenteuerlust; hilft Zuneigung zu genießen, öffnet das Herz.
Verfügbar: selten.

Opal, weiß, Light Opal

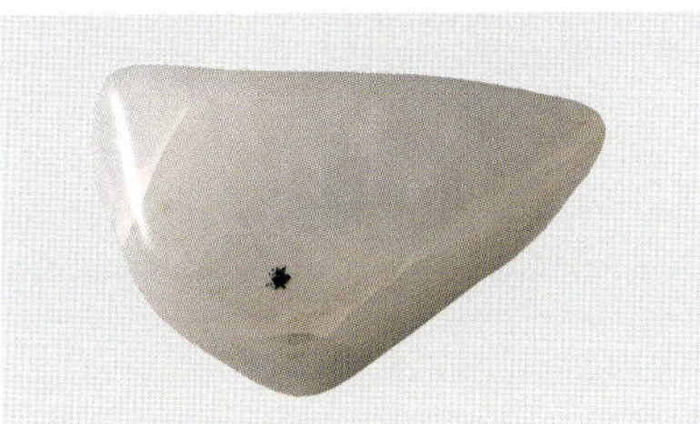

Körperlich: schleimbildend bei trockenem Husten, verbessert die Atmung und regeneriert die Lungen.
Seelisch: weckt Lust, Sinnlichkeit und lässt unbeschwert das Dasein genießen.
Verfügbar: selten.

Opal in Matrix, Leopardenopal

Körperlich: verbessert die Zellstruktur, stärkt die Bronchien, fördert das Wachstum; kräftigt den Organismus.
Seelisch: weckt vielseitige Interessen und hilft passende Freundeskreise zu finden; hilft Verluste zu überwinden und aktiv am Leben teilzunehmen.
Verfügbar: selten.

Opal, Dendriten-Opal und Moos-Opal

Körperlich: hilfreich bei Erkältungskrankheiten, verbessert den Abtransport von Schlacken und Giftstoffen.
Seelisch: hilft trotz Widerständen und Ängsten auf Menschen zuzugehen.
Verfügbar: selten.

Opalith*

Körperlich: regt die Selbstheilungskräfte des Körpers an; fördert die Sauerstoffaufnahme; bei Lungenerkrankungen; lindert festsitzende Erkältungen und Folgen des Rauchens; hilft bei Bauchspeicheldrüsen-Erkrankungen; reinigt Darm und Schleimhäute; beruhigt und hilft bei Schlafstörungen.

Seelisch: fördert Geselligkeit und guten Kontakt zu Mitmenschen; erleichtert auch die Abgrenzung gegenüber anderen; hilft sich emotional in Gemeinschaften oder Gruppen einzubringen und sich mit Gefühlen anderer auseinander zu setzen, gut geeignet zur Vorbereitung und Einstimmung der therapeutischen Arbeit; macht unbeschwert und interessiert.
Verfügbar: selten.

Ophicalcit, Connemara, Verd-antique

Körperlich: stärkt Herz, Niere, Dickdarm, Leber und Galle; lindert Allergien.
Seelisch: fördert Toleranz; macht selbständig und eigenverantwortlich; hilft wo nötig anzupacken; richtet den Sinn auf Machbares und Positives.
Verfügbar: selten.

Orthoklas, Goldorthoklas

Körperlich: verbessert die altersbedingte Sehfähigkeit; verbessert Reizleitung von Muskeln und Nerven, entspannt Herz und Muskulatur; unterstützt die Zirbeldrüse und harmonisiert die Hormonproduktion.
Seelisch: hilft Misstrauen, Selbstbezogenheit, Nützlichkeitsdenken, Versagensängste, Empfindlichkeiten und Opferhaltung zugunsten einer verlässlichen inneren Ordnung sowie überpersönlichen Werten zu überwinden; hilft sich geistig am Allgemeinwohl auszurichten.
Verfügbar: gering.

Ozean-Jaspis siehe Spärolithischer Chalcedon

Peridot*

Körperlich: regt Entgiftungsprozesse an, hilft bei Infektionen, Pilzbefall und Warzen; stimuliert den Stoffwechsel, Dünndarm, Leber, Galle und Nebennieren; schützt die Haut und gibt dem Bindegewebe Elastizität; verbessert die Sehfähigkeit, die Membranspannung der Körperzellen und die Sauerstoffaufnahme im Blut; erleichtert Geburten.
Seelisch: gleicht depressive Stimmungen aus; fördert Initiative, Tatkraft und Lernvermögen und hilft trotz starker Fremdeinflüsse das eigene Leben selbstbestimmt zu gestalten; löst negative Emotionen, Schuldkomplexe, Fehler und verletzte Gefühle auf; vermittelt Freude, Toleranz und zuversichtliche Gelassenheit; hilft Altes zu beenden und erleichtert Neuanfänge; macht kontaktfähiger und toleranter.
Verfügbar: gering.

Perle*

Körperlich: lässt Geschwüre schneller abheilen; mildert Allergien, Augenleiden, Krampfaderbeschwerden und Venenentzündungen

und Wetterfühligkeit; stimuliert den Säfte- und Hormonhaushalt; heilsam für die weiblichen Geschlechtsorgane, fördert die Fruchtbarkeit und erleichtert die Geburt; bessert chronische Kopfschmerzen und Migräne; kann den Allgemeinzustand der Zähne verbessern.
Seelisch: rührt traumatische Erinnerungen an und hilft Trauer, Verlust und Schmerz zu wandeln sowie unverarbeitete Konflikte zu lösen; zeigt den Gefühlsreichtum auf und hilft positive Bilder zu entwickeln; weckt den Wunsch nach Rückzug, Gemütlichkeit und Seelenpflege; hilft bei Albträumen; behebt Stimmungsschwankungen; wirkt gegen geistige Erschöpfung; unterstützt die Konzentrationsfähigkeit; hilft Kraft aus sich selbst und seiner Bilderwelt zu schöpfen.
Verfügbar: häufig.

Petalit*

Körperlich: fördert die Zellregeneration; schenkt Energie und Leidenschaftlichkeit; hilft bei Augenleiden und stärkt das Sehvermögen; wirkt beruhigend auf den Herzrhythmus; spricht besonders die Nerven an.
Seelisch: erleichtert die Umsetzung und Integration schmerzhafter und tief greifender Erkenntnisse; eignet sich zur Unterstützung von Rückführungssitzungen; stärkt Erinnerungsvermögen, das Langzeitgedächtnis und das emotionale Gedächtnis; erleichtert die Vergangenheitsbewältigung; hilft seelische Verletzungen und andere schmerzlichen zwischenmenschlichen Erfahrungen zu konfrontieren, um Beziehungen zu verbessern; verleiht ein intensives Lebensgefühl; vermittelt Hingabefähigkeit und Begeisterung, spornt zu enormen Leistungen an.
Verfügbar: selten.

Phenakit*

Körperlich: wirkt antiallergisch, lindert Ausschläge und Schleimhautreizungen; entzündungshemmend und macht Stirn, Nase und Nebenhöhlen frei.
Seelisch: hilft Versäumnisse im Leben zu erkennen; bewirkt eine konstruktive Einstellung und baut Spannungen ab; verleiht die Disziplin, Erkenntnisse umzusetzen und von schädlichen Gewohnheiten abzulassen; erleichtert tiefe Meditationszustände; vermittelt psychische und spirituelle Stabilität; schenkt Klarheit und Überblick; verhindert das erneute Auftreten von Disharmonien und Störungen, wenn man mit sich im Reinen ist.
Verfügbar: selten.

Phlogopit*

Körperlich: hilft gegen Übelkeit, besonders auf Autofahrten; verbessert Elastizität der Bänder, Gelenke und des Bindegewebes.

Seelisch: macht geduldig, hilft sich bescheiden zurückzunehmen und dennoch präsent zu sein; hilft auch mit weniger zurechtzukommen; schützt und entspannt.
Verfügbar: selten.

Pietersit*

Körperlich: lindert stressbedingten, durch Verwirrung, große Veränderungen, Ausweglosigkeit oder durch unterdrückte Bedürfnisse begünstigte Erkrankungen; stimuliert die Hypophyse und reguliert die anderen endokrinen Drüsen; lindert Kopfschmerz, Atemwegbeschwerden und nervöse Herz- und Magenbeschwerden; erhöht den Blutdruck; hilft bei vegetativen Störungen.
Seelisch: sorgt für innere Stabilität und angemessene, rasche Handlungen bei stürmischen Veränderungen; hilft unverarbeitete Konflikte und Krisensituationen zu bewältigen; kann im Alltagstrott unruhig und unzufrieden machen, sodass man Funktionierendes »verschlimmbessert«; hilft Neuem gegenüber offen zu bleiben und Lebensgewohnheiten zu durchbrechen.
Verfügbar: selten.

Pop-Rocks*, Kugelpyrit, »Boji's«

Körperlich: mindern Schmerzen und Blockaden im Energiesystem; regen die Selbstheilungskräfte des Körpers an und stärken das Immunsystem; werden allgemein zur Geweberegeneration und Reinigung benutzt; eignen sich aufgrund ihrer unspezifischen Wirkung zur Gesundheitsvorsorge.
Seelisch: verbessern die Kommunikation mit dem physischen Körper; lenken die Aufmerksamkeit auf die gegenwärtige Situation und verstärken Emotionen, Stimmungen und reaktive Muster, sodass diese bewusst gelöst werden können; fördern die Erkenntnis einschränkender und krankmachender Gedanken- und Verhaltensmuster.
Verfügbar: selten.

Porphyrit*, Blüten-Porphyrit und Chrysanthemenstein

Körperlich: wirkt bei Überreizung beruhigend und stärkend auf das Nervensystem; lassen sich nach Krankheiten und großen Anstrengungen zur Regeneration einsetzen; hilft gegen

Wucherungen; verbessert die Geschmeidigkeit.
Seelisch: hilft Ideen zu verwirklichen und im Einklang mit der Zeitqualität zu handeln; fördert Geduld, um abzuwarten; machen bedacht und helfen sich gut vorzubereiten; ermöglichen sowohl instinktsicheres als auch pragmatisches Tun; wirken energetisch stärkend.
Verfügbar: selten.

Porphyrit, China-Schriftstein

Körperlich: bessert Blasenentzündungen nach Unterkühlung.
Seelisch: fördert Entschlossenheit in Denken und Handeln; schließt Löcher in der Aura und klärt die Atmosphäre bei »dicker Luft«.
Verfügbar: selten.

Porphyrit*, Dalmatinerstein

Körperlich: wirkt anregend auf das Nervensystem; beschleunigt Reflexe, Reaktionen, Rekonvaleszenz und Energieaufbau.
Seelisch: hilft der Komplexität eines Vorhabens in der Planung und in der Umsetzung gerecht zu werden.
Verfügbar: häufig.

Porzellanit*, allgemein

Körperlich: wirkt vitalisierend; angezeigt bei chronisch niedrigem Blutdruck sowie chronischer Erschöpfung; hilft bei vielen Hautbeschwerden, wie Aknepusteln, Juckreiz, Hautreizungen und empfindlicher Haut; entspannt dauerstrapazierte Nerven; lindert chronische Müdigkeit; hilft bei Gewebeübersäuerung und deren Folgebeschwerden.
Seelisch: hilft sich bei Dünnhäutigkeit der Umwelt gegenüber abzugrenzen; hilft sich als selbständiges schöpferisches Wesen zu erkennen; regt Unabhängigkeitsbestrebungen an; fördert Eigeninitiative; befähigt, Gedanken im Geist länger behalten zu können.
Verfügbar: gering.

Porzellanit, Augen-Porzellanit

Körperlich: kann bei Verhornung der Haut und Quaddelausschlägen helfen.

Seelisch: aktiviert die innere Bilderwelt und befähigt gleichzeitig Sinnvolles und Sinnloses, Wahrheit und Illusion zu unterscheiden; hilft eine klare Position einzunehmen und Entscheidungen zu treffen.
Verfügbar: gering.

Porzellanit, Landschafts-Porzellanit

Körperlich: wirkt reinigend auf das Bindegewebe.
Seelisch: fördert Kreativität und Umsetzungsvermögen; verleiht ein bildhaftes und assoziatives Denken; verbessert die Vorstellungskraft.
Verfügbar: selten.

Prasem*

Körperlich: lindert brennende und stechende Schmerzen.
Seelisch: hilft nüchtern mit der Aufmerksamkeit in der Gegenwart zu bleiben; lässt Groll überwinden; schützt gefühlsmäßig beeinflussbare Menschen, sich nicht übervorteilen zu lassen.
Verfügbar: häufig.

Prasemquarz, Budstone

Körperlich: bessert Asthmazustände; mildert Fieber; wird zur Schmerzstillung bei Prellungen sowie Verbrennungen, Sonnenbrand, Sonnenstich und Hitzschlag verwendet; lindert Insektenstiche, Blasen, Schwellungen; stillt Blutungen, beschleunigt die Wundheilung und verbessert die Durchblutung; wirkt auf grünen und grauen Star und gegen Kurzsichtigkeit; unterstützend bei nervöser, stressbedingter Unruhe.
Seelisch: hilft Konflikte zu lösen und die Kontrolle des eigenen Lebens zu erlangen; fördert Selbstbeherrschung und Selbstbestimmung; hilft Auseinandersetzungen vernünftig zu klären und nichts nachzutragen; lässt Hilflosigkeit, falsche Schamgefühle und Peinlichkeit überwinden.
Verfügbar: häufig.

Praseolith*

Körperlich: stimuliert die humorale Abwehr und stärkt das Immunsystem; regt die Leber an; reduziert die Entzündungsneigung.
Seelisch: stabilisiert das seelische Gleichgewicht bei heftigen Emotionen; hilft bei ange-

stauten Gefühlen und andauernden Belastungen, Entscheidungen zu treffen, die für Kopf und Bauch stimmig sind; gibt dem Denken eine »Herz-Note« und verbessert die Treffsicherheit der Intuition.
Verfügbar: selten.

Prehnit*

Körperlich: lindert Asthma; wirkt vorbeugend gegen Arteriosklerose und beschleunigt die Entfernung der im Fett eingelagerten Giftstoffe; hilft bei Leber-, Blasen- und Nierenerkrankungen; bei schwacher Stoffwechselleistung und Nierengrieß; je intensiver gelb seine Farbe, desto wirksamer erweist sich die Entgiftungsfunktion.
Seelisch: fordert Anerkennung und Respekt ein; hilft Dinge direkt anzugehen; bringt Stimmungen und Empfindungen ins Bewusstsein, die Denken und Handeln unterschwellig beeinflussen; macht unternehmungslustig und gutgelaunt; günstig bei depressiven Verstimmungen.
Verfügbar: gering.

Psilomelan*

Körperlich: regt die Zellatmung an; löst den Schleim in der Lunge, stabilisiert die inneren Lungenwände und bessert dadurch Lungenerkrankungen; fördert die Darmtätigkeit; bei chronischen Hautentzündungen; reguliert die Insulinabgabe an das Blut; stärkt den Kreislauf und das Herz.
Seelisch: hilft die Gefühlslage des Gegenübers zu verstehen, ohne die eigene aufzugeben; befähigt emotionale Entwicklungsmuster zu analysieren; ermutigt Gefühle geschehen zu lassen und dazu zu stehen; fördert die Entwicklung unkonventioneller und frischer Ideen und motiviert besonders bei deren Umsetzung; hilft sinnvoll mit seinen Kräften umzugehen und sich nicht zu verschleißen.
Verfügbar: selten.

Purpurit*

Körperlich: mobilisiert Energiereserven in Zeiten großer Anstrengung; bei Konzentrations- und Schlafmangel; unterstützt die Sinneswahrnehmung; verbessert die Reaktions- und Regenerationsfähigkeit aller Organe; stabilisiert die Pulsfrequenz; durchwärmt den Körper, fördert Entspannung; beugt Gicht vor; hat sich bei der Behandlung von Blutungen, Prellungen und oberflächlichen Wunden bewährt; regt das sexuelle Verlangen an.
Seelisch: stärkt die Konzentration; wirkt aufhellend und aufmunternd bei depressiven Verstimmungen; wirkt inspirierend; fördert die Kreativität; schärft Wahrnehmung und Aufmerksamkeit; fördert das Einfühlungsvermögen; hilft bei verstrickten Beziehungen; be-

fähigt positive Lösungen zu entwickeln und alte unerledigte Sachen zu beenden; hilft eigene Ängste zu vergessen und Ziele anzustreben.

Verfügbar: gering.

Pyrit*, allgemein

Körperlich: wird bei Durchblutungsstörungen, Krampfadern und offenen Beinen eingesetzt; mildert nervöse Hautausschläge; wird bei Bronchitis, Halsschmerzen sowie Mandelentzündungen und zur Fiebersenkung eingesetzt; fördert die Regeneration der roten Blutkörperchen; beeinflusst den Knochenbau; stimuliert die Nervengewebe entlang der Wirbelsäule; fördert die Ausscheidungsfunktion des Dickdarms, fördert die Entgiftungsfunktion der Leber; zur Regeneration nach langer Krankheit.

Seelisch: fördert die Selbsterkenntnis; konfrontiert mit den Schattenseiten; gut bei geistigen Erschöpfungszuständen sowie zur Stärkung des Erinnerungsvermögens; hilft bei Trägheit, Illusionen und falschem Ehrgeiz; wirkt Ängsten, Depressionen und Prüfungsangst entgegen; stützt bei fehlendem Selbstbewusstsein; erleichtert die Raucherentwöhnung.

Pyrit, Pyrit-Sonne

Körperlich: wirkt schmerzlindernd und krampflösend, auch bei Menstruationsbeschwerden, Kniebeschwerden und Rückenproblemen; angezeigt bei Blutergüssen, Brandwunden, Dia-

betes, Erkältungskrankheiten, Herzmuskelschwäche, Ischias, Muskelkater, Rheuma, Stoffwechselstörungen, Warzen.

Seelisch: hilft nicht nur Schwachstellen und Charakterschwächen aufzuspüren, sondern diese auch zu überwinden; macht positiv und gibt Distanz zu den Problemen; gibt Leichtigkeit, Wärme und Freude.

Verfügbar: selten.

Pyrit, Würfel

Körperlich: hilft den besten Zugang zur Krankheit und deren Lösung zu finden; verdeutlicht die wichtigsten Symptome.

Seelisch: macht gründlich bei der Suche nach Ursachen und Wirkungen; gibt Stärke und hilft sich alles von allen Seiten anzuschauen.

Verfügbar: häufig.

Pyrit-Achat

Körperlich: wirkt glättend auf die Haut; fördert die Darmbewegung; verbessert den Lymphfluss.

Seelisch: gut bei plötzlichen Verstimmungen, Ärgerlichkeit und Launen; hilft scheinbar un-

überwindliche Probleme anzugehen, indem ihre kleinen Bestandteile analysiert werden; macht bei Problemen und Sorgen den Kopf leichter und freier.
Verfügbar: selten.

Pyrolusit*

Körperlich: bessert die Wundheilung; unterstützt die Klarheit der Augen; kräftigt die Wände der Blutgefäße und reguliert den Kreislauf; bessert bakterielle Infektionen; reguliert den Stoffwechsel; sorgt für die Enzymverwertung im Körper; stimuliert die Zellmitose.
Seelisch: hilft die Ursache eines Problems zu erkennen und zu lösen und greift in emotionale Störungen ein; strukturiert das Leben neu.
Verfügbar: selten.

Pyromorphit*

Körperlich: lindert Magen- und Zwölffingerdarmbeschwerden; erschließt Kraftreserven; lindert Kältegefühle und Schüttelfrost.
Seelisch: hilft seine Schwächen zu überwinden; stimuliert die persönliche Energie und unterstützt neue Haltungen und Richtungen; hilft

Zusammenhänge zu erkennen und alle notwendigen Aspekte einer Sache zu berücksichtigen, um seine Energie erfolgreicher einzusetzen, und verleiht Disziplin und Willenskraft, um mehr leisten zu können.
Verfügbar: selten.

Pyrophyllit

Körperlich: behebt Übersäuerung und lindert deren Folgen wie Sodbrennen; stärkt den Magen.
Seelisch: hilft persönlichen Interessen nachzugehen und sich dafür die notwendige Zeit zu lassen; verbessert die Abgrenzung gegenüber äußeren Pflichten, Zwängen und Forderungen; hilft ruhig und klar zu bleiben, wenn andere aufgeregt und durcheinander sind.
Verfügbar: selten.

Quarz-Katzenauge, Aqualith, Schillerquarz

Körperlich: lindert Überfunktionen im Hormonhaushalt, hilft bei überreizten Nerven und unerwünschten Empfindungen; reduziert ziehende Schmerzen.

Seelisch: hilft sich gefühlsmäßig herauszunehmen und dennoch intellektuell präsent zu bleiben; macht unbeeindruckbar und erleichtert es, Schwieriges zu durchschauen.
Verfügbar: selten.

Rauchquarz*, allgemein

Körperlich: ist spannungslösend und schmerzlindernd; kräftigt das Stützgewebe, festigt Bindegewebe und Muskulatur; hilfreich bei Schmerzen, besonders am Rücken; stärkt die Nerven; steigert die körperliche Belastbarkeit; erhöht die Toleranz gegenüber Elektrosmog; macht unempfindlicher gegen Strahleneinflüsse und lindert Strahlenschäden; kann über die Hormonproduktion der Geschlechtsdrüsen die Zeugungsfähigkeit und Empfängnisbereitschaft erhöhen; entstört Narbengewebe.
Seelisch: hilft die emotionale und körperliche Belastbarkeit zu erhöhen, Stress und Spannungen abzubauen; hilft bei depressiven Verstimmungen; mildert seelische Verletzungen; stärkt das Gedächtnis und das folgerichtige Denken, hilft aus Fehlern zu lernen; steigert die Konzentration und die Willenskraft; eignet sich zur Unterstützung von Entwöhnungsvorhaben und Entziehungskuren; bringt Licht in unbewusste Seelenbereiche, deckt Täuschungen auf.
Verfügbar: häufig.

Rauchquarz, dunkel, Morion, natur

Körperlich: bei starken Schmerzen, allgemein intensiver wirkend; hilft große Anstrengungen zu ertragen.
Seelisch: hilft sich gegen böse Absichten zu wehren, Gefahren zu erkennen und abzuwehren; macht sehr entschlossen im Tun und hilft »heiße Eisen« anzupacken
Verfügbar: gering.

Realgar*

Körperlich: wird zum Ausleiten nach Schwermetallvergiftungen eingesetzt; wirkt belebend und blutbildend, steigert die Leistungsfähigkeit, gerade auch bei Schwächezuständen; reduziert die Infektanfälligkeit.

Seelisch: zeigt drängende sexuelle Bedürfnisse an; verstärkt Kraft, Leidenschaft und Fleischeslust; fördert heftige rauschhafte Sinnlichkeit und das hemmungslose Ausleben sexueller Wünsche.
Verfügbar: selten.

Rhodochrosit*

Körperlich: lindert Brandblasen und Hautentzündungen; angezeigt bei Diabetes; schmerzlindernd bei arthritischen Gelenkschmerzen in Händen und Knien, Hexenschuss, Ischialgie; wirkt bei Gicht; regt Kreislauf und Blutdruck an; verbessert die Elastizität und Tonus der Blutgefäße und baut Sklerotisierungen ab, hilft gegen Krampfadern, Migräne und Kopfschmerzen, erhöht den Blutdruck; wirksam bei Potenzschwäche und sexueller Unlust.
Seelisch: wirkt stimmungsaufhellend; fördert die Leistungsfähigkeit und ist hilfreich bei Konzentrationsschwäche, Minderwertigkeitsgefühlen und Unzufriedenheit; ermutigt, genügend Raum und Zeit eigenen Bedürfnisse zu geben; regt zu Kommunikation und sozialem Engagement an; lässt Ängste und Zurückgezogenheit überwinden; überwindet Schamgefühle, Zurückhaltungen und emotionale Unsicherheit im Umgang mit Menschen; unterstützt Flirts und fördert die Erotik; gibt Schwung, Begeisterungsfähigkeit und Abenteuerlust; verursacht lebhafte und intensive Träume.
Verfügbar: gering.

Rhodonit*

Körperlich: bessert Durchblutungsstörungen des Gewebes und der Muskulatur; bessert Vereiterungen auch bei Eileiterentzündungen; stärkt die Lunge und sorgt für eine bessere Sauerstoffaufnahme; beschleunigt die Wundheilung nach Verletzungen, Quetschungen, Verbrennungen und Operationen; verbessert die Narbenbildung und regeneriert Narbengewebe; lindert Verspannungen, Muskelkater und gerötete Augen; fördert die Fruchtbarkeit und die Libido.
Seelisch: hilft bei Angst vor Veränderungen, Schicksalsschlägen und Verlust; unterstützend bei Prüfungsangst, Lernblockaden sowie Schulstress; fördert einen Zustand von innerer Kraft, Ruhe, Selbstwertgefühl und jugendlichem Selbstvertrauen; hilft seelische Verletzungen und Schmerzen zu heilen; steigert das Konfrontationsvermögen und unterstützt Aussprachen; gibt ein bodenständiges kraftvolles Lebensgefühl.
Verfügbar: häufig.

Rhyolith*, Augen- oder Regenwald-Rhyolit

Körperlich: stärkt das vegetative Nervensystem und reguliert den Stoffwechsel; regt den Kreislauf an; bekämpft bakterielle Infektionen; optimiert die Nährstoffresorption im Darm und verbessert die Darmfunktionen; hilft bei Durchfall; verstärkt Hunger und Lust auf Süßes.
Seelisch: verbessert die instinktive und emotionale Sicherheit und hilft, sich gut geerdet in allen Situationen zurechtzufinden; optimiert die Ausdrucksfähigkeit; macht praktisch und kreativ; hilft die Dinge so wahrzunehmen, wie sie sind; fördert Nüchternheit und Aufmerksamkeit, lehrt zudem, mit Entscheidungen zu warten, bis genügend Fakten vorliegen; lindert die Neigung zu übertriebener Selbstkritik.
Verfügbar: gering.

Rhyolith, Aztekenstein, Dr.-Liesegang-Stein

Körperlich: stärkt das Immunsystem; erhöht die Leistungsfähigkeit; fördert und verstärkt die Darmbewegung; kann Unverträglichkeiten lindern; entlastet die Haut.
Seelisch: stärkt, aktiviert und erdet; intensiviert Befindlichkeit und Erleben, hilft seine vitalen Bedürfnisse zu leben.
Verfügbar: selten.

Rhyolith, Leopardenfell-Rhyolith

Körperlich: unterstützt die Reinigung von Darm, Leber, Galle und Nieren; hilft bei Aphten im Mund sowie bei Herpes; verbessert schon

vorhandene Pickel und Pusteln; wird bei Hauterkrankungen, sowie bei Muskelverhärtungen verwendet; vermindert Schwangerschaftsbeschwerden und verleiht Ausdauer und Kraft; beugt Erkältungen vor, ermöglicht Regeneration durch erholsamen Schlaf.
Seelisch: zeigt den nächsten notwendigen Schritt auf und stabilisiert das bisher Erreichte; steigert das Durchhaltevermögen; beruhigt; regt die Fantasie sowie Traumtätigkeit an.
Verfügbar: häufig.

Richterit

Körperlich: stärkt die Nierentätigkeit; unterstützt die Aufnahme von Mineralstoffen; sinnvoll bei entzündlichen Atemwegserkrankungen; kann bei Knochenentwicklungs- und Schilddrüsenstörungen eingesetzt werden; schärft den Instinkt und den Geschmacks- und Tastsinn, das Gehör und das Farbempfinden.
Seelisch: hilft zwischenmenschliche und gesellschaftliche Beziehungen zu definieren und zu verbessern; hilft Unliebsames direkt anzugehen und dadurch Zeit, Aufmerksamkeit und Energie zu sparen; verringert die Anspannung beim Handeln; hilft den richtigen

Zeitpunkt zu erwischen und Entwicklungstendenzen besser einzuschätzen.
Verfügbar: selten.

Rosaquarz*

Körperlich: erfrischt die Sinne und verfeinert die Wahrnehmung; belebt allgemein und wirkt verjüngend.
Seelisch: erquicklich für die Gefühls- und Empfindungswelt; fördert die Liebe zu natürlicher und feiner Schönheit; hilft das eigene Umfeld harmonisch und schön zu gestalten; fördert Freude und Beglückung.
Verfügbar: selten.

Rosenquarz*

Körperlich: wird bei Erkrankung der Geschlechtsorgane, besonders der Hoden oder Gebärmutter, bei Unfruchtbarkeit und sexueller Unlust eingesetzt; beugt Herzanfällen vor und wirkt auf Blutzirkulation, verengte Blutgefäße und Bluterkrankungen; lindert Venenentzündung und Thrombose; harmonisiert den Herzrhythmus und stärkt das Herz; bei Milchdrüsenunterfunktion, fördert bei Kindern die körperliche Entwicklung; hilft bei chronischen Schlafstörungen.
Seelisch: wird bei Depression, Angstneurosen und Gefühlskälte eingesetzt, insbesondere nach seelischen Verletzungen; lindert Liebeskummer; erleichtert zu verzeihen; fördert Liebesfähigkeit und Sexualität; mildert mangelndes Selbstbewusstsein und Streitlust; steigert Empfindungsfähigkeit und Einfühlungsvermögen, besänftigt das Gemüt; hilft jedoch, für seine Gefühle und emotionalen Bedürfnisse entschieden einzutreten; schafft ein harmonisches und menschliches Klima; lindert bei Kindern das Heimweh; macht kreativ und schenkt Sinn für schöne Dinge.
Verfügbar: häufig.

Rubin*, allgemein

Körperlich: bessert Entzündungen wie Bindehaut-, Dickdarm-, Lymphdrüsen- und Mittelohrentzündung; fördert die Bildung der weißen Blutkörperchen; bessert Infektionskrankheiten und Fieberzustände; lindert Hormonschwankungen bei Menstruations- und Wechseljahrsbeschwerden; aktiviert die Nebennieren; wirkt temperaturerhöhend zur Unterstützung des Immunsystems; regt zu aktiver Sexualität an; wird bei Erkrankungen des Herzens, des Blutkreislaufs und bei Krampfadern eingesetzt; erhöht einen zu niedrigen Blutdruck; regt den Stoffwechsel an und senkt den Cholesterinspiegel; behebt chronische Müdigkeit, lindert Kopfschmerzen und Ohrensausen aufgrund von niedrigem Blutdruck.
Seelisch: bessert depressive Zustände; überwindet Lethargie, Melancholie und Trauer; hilft

bei fehlendem Selbstbewusstsein Vertrauen in die eigene Kraft und Potenz aufzubauen; steigert die Leistungsfähigkeit; gibt die Gewissheit, sich nicht unterkriegen zu lassen; inspiriert eigene Sehnsüchte und Wünsche auszuleben und sich einzusetzen; stärkt die männlichen Aspekte und Tugenden der Persönlichkeit.
Verfügbar: häufig.

Rubin mit Fuchsit

Körperlich: entzündungshemmend, schmerzlindernd, stärkt die Widerstandskraft der Haut und des gesamten Organismus; schützt und stärkt das Herz.
Seelisch: hilft noch besser mit seiner Energie hauszuhalten und sich abzugrenzen; gibt Gelassenheit und Umsicht; hilft, bei Nervosität und Schüchternheit selbstsicher aufzutreten.
Verfügbar: selten.

Rubin, Stern-Rubin

Körperlich: stärkt Milz, die Geschlechtsdrüsen und das Herz, regt den Blutkreislauf und die Verdauung an.
Seelisch: aktiviert die Emotionen, gibt ihnen mehr Raum und stärkt deren innere Ordnung; fördert körperliche, seelische und geistige Eigenaktivität.
Verfügbar: selten.

Rubin-Zoisit*, Anyolith

Körperlich: hilft bei männlicher Unfruchtbarkeit; stärkt die Potenz bei Energiemangel und großem Regenerationsbedarf, besonders auch im Alter; sorgt bei längerem Gebrauch für anhaltende Lebenskraft und Dynamik; stärkt die Milz.
Seelisch: wirkt gegen permanente Missachtung körperlicher Bedürfnisse, vermittelt gleichzeitig Spannung, Anregung und Ruhe; verbessert die sprachliche Ausdrucksfähigkeit und die Schaffenskraft; stärkt das Sicherheitsgefühl; hilft sich langsam emotional und geistig zu stärken, insbesondere wenn man sich von Rubin überfordert fühlt; stärkt das gesamte Körperenergiefeld.
Verfügbar: gering.

Rutil*

Körperlich: belebt energetisch unterversorgte Bereiche, lindert Herzbeschwerden, Engegefühle, verbessert die Zellregeneration und hilft bei chronischer Bronchitis, regeneriert Narben.
Seelisch: stabilisiert emotional gesteuertes Verhalten; lindert psychische Blockaden, die durch frühkindliche traumatische Erfahrungen entstanden sind, fördert geistige Freiheit, hilft Leichtigkeit, Glück und Freude zu empfinden.
Verfügbar: selten.

Rutilquarz*, klar, allgemein

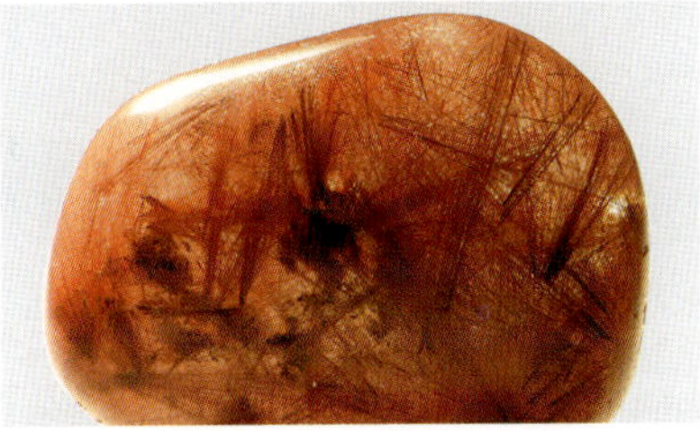

Körperlich: belebt energetisch unterversorgte Bereiche; löst und lindert langfristig Beklemmungen im Brustbereich, schleimlösend bei Erkältungen, Asthma und chronischer Bronchitis; regt die Zellregeneration an; lindert Herzschmerzen und Herzrhythmusstörungen; kräftigt die Haut und fördert den Haarwuchs.
Seelisch: wirkt beruhigend, stimmungsaufhellend und antidepressiv; hilft verdrängte Ängste aufzulösen; fördert Selbstbeherrschung; hilft in angespannten Situationen die Kontrolle zu bewahren; löst übermäßige Erregung und innere Anspannung auf; verhindert vorzeitigen Samenerguss; schenkt Lebenskraft und Selbstbewusstsein; vermittelt positive Visionen, neue Ideen und Lebenskonzepte, um der Zukunft mit Zuversicht zu begegnen; regt das Streben nach geistiger Freiheit und Unabhängigkeit an und stimuliert die Kreativität.
Verfügbar: selten.

Rutilquarz, milchig, dicht

Körperlich: stärker schleimlösend; erleichtert besser das Abhusten; wirkt mehr auf den Körper.
Seelisch: gegen Ängste, besonders gegen die Angst zu ersticken; befreiend, wenn man großem Druck ausgesetzt ist oder die Lage aussichtslos scheint.
Verfügbar: häufig.

Saphir*, allgemein

Körperlich: wirkt beruhigend bei Nervosität und Schlaflosigkeit; senkt hohen Blutdruck sowie Fieber; hilft bei Gliederschmerzen; bessert Entzündungen, Hautausschläge, Juckreiz und Schuppenflechte; wirkt ausgleichend auf die Schilddrüsen und die Hirnanhangdrüse; stärkt die Gefäßwände der Venen und harmonisiert die Kommunikation der Zellen und der Chakren untereinander.
Seelisch: bessert Albträume; bringt innere Sammlung, große Ruhe und Geradlinigkeit;

richtet die Gedanken auf gesteckte Ziele aus und hilft diese auch zu erreichen; unterstützt hervorragend die Konzentration und das Denken, fördert Wahrheitsliebe, geistiges Wachstum, vertieft Erkenntnisse aus der Meditation, stärkt den Charakter, Disziplin, Treue sowie Freundschaft; hilft introvertierten Menschen sich aus Schuldgefühlen zu befreien; schafft durch innere Distanz Freiräume; als Nervenheilstein ernüchtert er bei Wahnvorstellungen; macht selbstkritisch und fördert den Wissens- und Erkenntnisdrang.
Verfügbar: gering.

Saphir, blau

Körperlich: bessert Koliken; schmerzlindernd bei Gehirn- und Nervenerkrankungen; behebt viele Probleme im Halsbereich.
Seelisch: läutert die Motivation und hilft bedingungslos zu lieben; befreit von Blockaden auf dem spirituellen Weg, indem er negative Energien wandelt; fördert das Gedächtnis und das Unterscheidungsvermögen.
Verfügbar: selten.

Saphir, gelb

Körperlich: fördert die Verdauung; hilft bei Beschwerden des Magens, der Milz, der Gallenblase und der Leber; stärkt das Sonnengeflecht.
Seelisch: zieht günstige Gelegenheiten und vorteilhafte Wendungen an; fördert Optimismus und Weisheit, hilft durch Intelligenz, Ausdauer und Kreativität Erfüllung und Glück zu finden.
Verfügbar: selten.

Saphirquarz*

Körperlich: lindert stressbedingte Ausschläge und Allergien; beruhigt die Nerven; bessert Bronchial- und Lungenerkrankungen; hilft Schmerzen und chronische Verspannung zu lindern; wirkt kühlend und fiebersenkend.
Seelisch: Saphirquarz mit Krokydolith: hilft auf vernünftige Weise sich mit Unliebsamen auseinander zu setzen; macht gleichmütig und unbeeindruckbar, etwas introvertiert und verleiht Bescheidenheit; ermöglicht, sich auf beständige Werte zu besinnen und diese zu verinnerlichen; erleichtert es unbefangener über eigene Gefühle zu sprechen.
Saphirquarz mit Turmalin: weniger bodenständig; die Energie steigt mehr in den Kopf; fördert Inspiration und Kreativität.
Verfügbar: selten.

Sarder*

Körperlich: wirkt stärkend auf Haut und Bindegewebe und fördert die Wundheilung;

bessert asthmatische Anfälle; stärkt und heilt Herzbeschwerden; stärkt den Stoffwechsel, die Verdauung, regt die Körperflüssigkeiten an; unterstützt Schwitzkuren; wirkt wehentreibend bei Kraftlosigkeit und erleichtert eine lang andauernde Geburt; schützt vor Seuchen und Infektionskrankheiten; lindert die Folgen unauskurierter Infekte wie Mittelohrentzündungen mit Gehörschäden und heftige Kopfschmerzen.
Seelisch: schärft den Verstand; mildert Angstneurosen, Gefühlskälte und mangelndes Selbstbewusstsein; stärkt das Durchhaltevermögen; hilft seelische Belastungen zu überwinden; reduziert Stottern und Streitlust.
Verfügbar: häufig.

Sardonyx*

Körperlich: stärkt alle Sinnesorgane sowie das parasympathische Nervensystem; lindert asthmatische Anfälle; mildert Augenschmerzen; aktiviert die Körperflüssigkeiten und fördert dadurch die Mineralstoff-, Nährstoff- und Vitaminaufnahme; regt den Zellstoffwechsel an und wirkt regulierend auf die Schilddrüse; verhindert durch seine Regenerationskraft nach ausklingender oder ausgestandener Krankheit Schwächezustände und Rückfälle.
Seelisch: wirkt gegen Angstneurosen, mangelndes Selbstbewusstsein und stärkt die Selbstbeherrschung; erweckt emotionales Selbstvertrauen und größere Beredsamkeit; hilft zu trauern und schließlich bei der Überwindung der Trauerphase; schärft die Wahrnehmung aller Sinne; hilft den Wahrnehmungserfahrungen standzuhalten; erleichtert die bewusste Kontrolle animalischer Triebe; stärkt die Selbstkontrolle; hilft besser zu verstehen und sinnvolle Lösungen durchzusetzen.
Verfügbar: gut.

Schalenblende, Sphalerit-Wurtzit

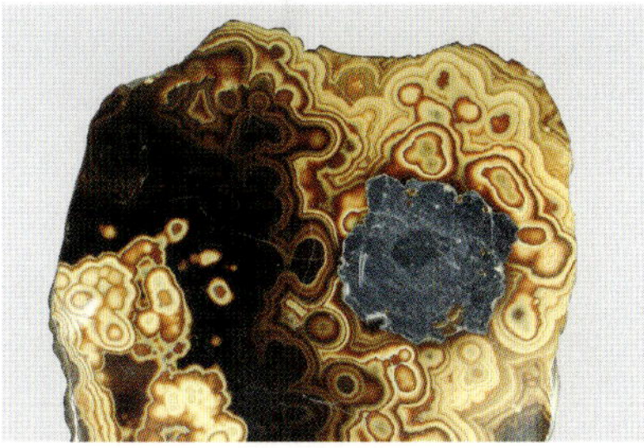

Körperlich: fördert die Wundheilung, auch bei Ekzemen, Herpes, Juckreiz und leichtem Sonnenbrand; senkt langfristig die Zuckertoleranz bei Diabetikern, verbessert den Seh-, Geruchs- und Geschmackssinn; regt die Keimdrüsen und die Prostata an; fördert die Entwicklung des Gehirns, schützt und stärkt die Netzhaut und verbessert Dämmerungssehen, schützt vor Strahlung und Umweltgiften.
Seelisch: gleicht männliche und weibliche Seiten des Charakters aus, hilft Täuschung und Verrat zu erkennen und in gefährlichen Situationen angemessen zu handeln; hilft veraltete Strukturen zu erneuern und sich besser an sich verändernde Bedingungen anzupassen.
Verfügbar: selten.

Scheelit*

Körperlich: entstört das Nervensystem; fördert die Durchblutung der Beine; wirkt auf Störungen der männlichen Fortpflanzungsorgane.
Seelisch: baut Stolz und Hochmut ab und inspiriert zu ernsthaften zusammenhängenden Gedanken; lässt wieder Ordnung im Leben zu und bewahrt die gesunde Ordnung, hilft frühzeitig, gefährliche Situationen zu erkennen und stabilisiert durch die Integration tiefer Wesensschichten in die bewusste Persönlichkeit.
Verfügbar: selten.

Schneequarz*, derb, weiß

Körperlich: wirkt reinigend auf das Bindegewebe; regt den Stoffwechsel an und fördert die Tätigkeit von Lunge, Haut und Nerven; fördert die Geweberegeneration; energetisiert taube, gefühllose und kühle Bereiche; hilft Schwächezustände zu überwinden und nach Krankheiten neue Kräfte zu sammeln; schärft den Geruchs- und Geschmackssinn; kühlt und heilt kleine Verletzungen, Entzündungen, leichte Verbrennungen, Stiche, allergischen Juckreiz; stärkt den Rücken und hilft eine aufrechte Körperhaltung einzunehmen.
Seelisch: lässt alte Ängste wieder aufsteigen; rüttelt Emotionen auf; verbessert Konzentrations- und Leistungsfähigkeit, Wahrnehmung und Achtsamkeit; verstärkt vorhandene Fähigkeiten, Gefühle und Anlagen; hilft das innerste Wesen auszudrücken und zeigt bei regelmäßiger Meditation den Zugang zum Urwissen und uralten Erinnerungen; ermutigt Wahrhaftigkeit und Aufrichtigkeit zu leben.
Verfügbar: häufig.

Schörl siehe Turmalin, schwarz

Schwefel*

Körperlich: wird bei Hautkrankheiten und Pilzinfektionen eingesetzt; bessert schmerzhafte und entzündliche Gelenke; reduziert Schwellungen; entgiftet über den Darm.
Seelisch: reinigt die Seele von unklaren Verstrickungen und bringt grundlegende Motivationen unseres Lebens ans Licht; wird bei Launen, Unzuverlässigkeit, Ärger, Unzufriedenheit und Verbitterung meist als sehr entlastend erlebt; setzt viel Energie frei; hilft schwierige Dinge anzuschauen, beim Namen zu nennen und eventuell in einer Aussprache zu klären.
Verfügbar: häufig.

Schwefelquarz*

Körperlich: fördert die Entgiftung über die Haut; fördert die Ausscheidung.

Seelisch: unterstützt die Ursachenfindung bestehender Probleme; stabilisiert bereits erreichte Verbesserungen.
Verfügbar: selten.

Sepiolith*

Körperlich: stärkt die weißen Blutkörperchen; lindert die Degeneration der Knochensubstanz; verbessert die Umsetzung von Kupfer, Magnesium, Phosphor, Kieselsäure und Zink.
Seelisch: macht tolerant, geduldig und erhöht die Anpassungsfähigkeit.
Verfügbar: gering.

Septarie*

Körperlich: hilft eine Übersäuerung des Gewebes zu reduzieren und somit Darm- und Hauterkrankungen zu bessern; vermindert die Bildung von Geschwülsten und hilft bestehende aufzulösen; könnte bei Fistelbildungen eingesetzt werden.
Seelisch: hilft standfest zu bleiben und Konflikte oder schwierige Situationen zu konfrontieren; wandelt Verbitterung und Enttäu-

schung in Hoffnung und Vertrauen; ermutigt, seelische Probleme auszusprechen und zu verarbeiten, anstatt sie wegzuschieben und einzukapseln; löst tiefe Erinnerungen aus; lehrt alte Verhaltensmuster und Verdrängungsmechanismen aufzugeben; weist immer einen guten Ausweg.
Verfügbar: häufig.

Serpentin*, allgemein

Körperlich: gleicht Magnesiummangelzustände aus und hilft gegen alle Arten von Krämpfen, Verspannungen; verbessert die Elastizität des Bindegewebes und vermindert Hautreizungen; lässt Sauerstoff im ganzen Körper besser resorbieren; vermindert Gefäßablagerungen; gleicht Herzrhythmusstörungen aus; wirkt stark entsäuernd.
Seelisch: beruhigt, schützt die Nerven und das Gemüt bei Stress, gleicht Stimmungsschwankungen aus; verbessert das Verhältnis zu sich selbst und hält Ansprüche anderer auf Abstand; hilft mit sich selbst besser klarzukommen, sich und seinen Körper liebend anzunehmen; löst Anspannung und hilft abzuschalten

oder zu meditieren; hilft sexuelle Befriedigung zu erfahren.

Serpentin, Antigorit*

Körperlich: hilft Giftstoffe über die Nieren aus dem Körper auszuscheiden.
Seelisch: mindert Übererregbarkeit, Aggressivität und Negativität; erleichtert es, sich in Freundschaft zu trennen, fördert die Empfindungsfähigkeit und ruft so mehr Zärtlichkeit wach; unterstützt das Erinnerungsvermögen und erleichtert das Lernen; hilft mit, sich nach außen abzugrenzen.
Verfügbar: gering.

Serpentin, hellgrün*

Körperlich: entspannt die Augen.
Seelisch: hilft gut mit allen Menschen auszukommen, fördert Rücksichtnahme, Einfühlungsvermögen, Anteilnahme, Takt und Austausch; bringt Harmonie und Frieden.
Verfügbar: häufig.

Serpentin mit Chromit, Chyta

Körperlich: bessert Asthmaanfälle, hilfreich bei Niereninfektionen und Missbildungen in diesem Bereich, Entgiftung, Sodbrennen und zur Regeneration kolikgeschädigter Nieren; wirkt krampflösend auf Darm, Leber und Nieren.
Seelisch: schützt durch Abgrenzung gegen Fremdbeeinflussung; vermittelt Ausgeglichenheit und inneren Frieden; stärkt das Bedürfnis nach Ruhe; ideal für Choleriker.
Verfügbar: gering.

Serpentin, Silberauge*

Körperlich: wirkt entkrampfend; lindert Herzrhythmusstörungen, Muskelkrämpfe und Menstruationsbeschwerden; hilft bei Migräne; beugt Parasitenbefall, Insektenstichen und Zeckenbissen vor.
Seelisch: macht gesprächsbereit und hilft die richtigen Kompromisse einzugehen; hilft bei Rachegedanken, Provokation und vermindert Streit; hilft sich abzugrenzen, sich zurückzuziehen und schützt die Gefühle.
Verfügbar: häufig.

Shiva Lingam, Sandstein

Körperlich: entkrampft und entspannt; vermittelt ein angenehmes Körpergefühl; wirkt harmonisierend auf Hoden und Eierstöcke.
Seelisch: unterstützt alle Verarbeitungs-, Lern-Reife- und Entwicklungsprozesse; hilft sich zu vervollkommnen und in Hochform zu kommen; erleichtert das Loslassen.
Verfügbar: gering.

Siderit*

Körperlich: hilft rote Blutkörperchen und Blutplättchen zu bilden; wirkt unterstützend bei Osteoporose; stimuliert die Aufnahme von Eisen, Calcium und Magnesium; fördert die Ausscheidung über den Darm; wirkt gut bei Heiserkeit.
Seelisch: hilft Liebe leben, um im Alltag seine Größe zu entdecken, und ermöglicht ein kurzfristiges Erheben aus alltäglicher Gebundenheit; stärkt die Hingabe an die Lebensaufgabe, vergrößert die Stabilität des Arbeitsplatzes und unterstützt Tätigkeiten in der Fürsorge sowie mit behinderten Menschen.
Verfügbar: selten.

Silber*

Körperlich: wirkt kühlend, desinfizierend, antibakteriell und fördert die Wundheilung, speziell bei Schürfwunden und Verbrennungen; hilft bei Funktionsstörungen der Sinnesorgane, insbesondere der Augen; wirkt auf die Schilddrüse; reguliert den Flüssigkeitshaushalt des Körpers; fördert die weibliche Fruchtbarkeit und heilt Erkrankungen der Geschlechtsorgane, optimiert die Wasser- und Nährstoffresorption.
Seelisch: fördert die Übereinstimmung der geistig-seelischen Zyklen mit den Lichtzyklen des Jahres, des Mondes und des Tages; befreit die Emotionen, beflügelt die Fantasie und lindert Mondsüchtigkeit und Schlafwandeln; reduziert Lampenfieber.
Verfügbar: häufig.

Sillimanit*

Körperlich: stimuliert die Endorphinausschüttung; kann zur Behandlung von Lungenerkrankungen verwendet werden und die Atmung stimulieren; regt den Lymphfluss an.
Seelisch: verleiht die Kraft, bei geistiger Ermüdung am Tiefpunkt eines Vorhabens durchzu-

halten; wirkt dem Verfall entgegen und hilft das Aussehen, die mentalen Fähigkeiten, die Qualität von Gegenständen und Einrichtungen zu erhalten.
Verfügbar: gering.

Skapolith*

Körperlich: wird zur Verbesserung der Sehfähigkeit bei grauem und grünem Star eingesetzt; erleichtert die Rekonvaleszenz; hilft energetische Schwachstellen zu füllen und zu beleben.
Seelisch: ermöglicht tief in eigene seelische Bereiche vorzudringen; erleichtert das Ein- bzw. Umstimmen vor oder nach einschneidenden Erlebnissen; macht unverkrampft und unbefangen; führt zu geistiger Unabhängigkeit und Erfolg; hilft sich nicht selbst emotional und mental selbst einzuschränken.
Verfügbar: selten.

Smaragd*

Körperlich: hilft bei Anginen der oberen Atemwege; fördert den Aufbau roter und weißer Blutkörperchen und wirkt bei Blutarmut; stärkt das Immunsystem und beeinflusst das Lymphsystem; senkt erhöhten Blutdruck und verbessert die Durchblutung; hilft bei entzündeten Augen, Kurz- und Weitsichtigkeit; heilt Entzündungen der Stirn- und Nebenhöhlen; regt die Leber an und fördert Entgiftung; lindert rheumatische Erkrankungen und begünstigt die Ausheilung von Infektionskrankheiten; Schmerzen und Verspannungen werden gelöst; bessert Einschlaf- und Durchschlafstörungen; wird bei multipler Sklerose, Parkinson-Krankheit, Epilepsie und Schwindelanfällen eingesetzt.
Seelisch: erhöht die Willenskraft, eigenverantwortlich, intensiv und engagiert zu leben; lindert Erschöpfung, Lebensunlust, Nervosität, Streitlust, Unzufriedenheit, Wahnvorstellungen; bringt Weitblick und fördert den Sinn für Ästhetik, Harmonie und Schönheit; vermittelt ein tiefes Verständnis für die eigenen Lebensumstände, verhindert Stillstand und Rückentwicklung; hilft Schicksalsschläge besser zu bewältigen; verjüngt, fördert geistiges und musisches Wachstum; stärkt die Ausrichtung auf Freundschaft, Liebe, Zusammenarbeit und hilft sexuelle Kraft und Sehnsüchte auf eine höhere Ebene zu transformieren.
Verfügbar: selten.

Smithsonit*

Körperlich: erleichtert die Geburt; verbessert die Elastizität der Venenwände; unterstützt nach Nervenzusammenbrüchen; stärkt das Immunsystem und hilft durch hormonelle Anregung bei Beschwerden der Prostata und der Eierstöcke, fördert die Wundheilung bei strapazierter, trockener Haut.

Seelisch: lässt schmerzhafte Erlebnisse der Kindheit, auch Missbrauch, besser verarbeiten; hilft sich auf Neuanfänge einzulassen sowie turbulente Zeiten zu überbrücken, bestärkt, wenn Veränderungen in der entsprechenden Lebenssituation anstehen; verleiht innere Sicherheit und schmälert dadurch Ängste vor zwischenmenschlichen Beziehungen.

Verfügbar: selten.

Sodalith*

Körperlich: heilt Beschwerden von Hals, Kehlkopf und Stimmbändern, besonders bei chronischer Heiserkeit, Stimmverlust und Asthma; senkt hohen Blutdruck; wirkt kühlend und fiebersenkend; regt die Flüssigkeitsaufnahme im Körper an; entgiftet über die Niere, stärkt das Lymphsystem und beeinflusst Lymphkrebs positiv; wirkt harmonisierend über die Schilddrüse auf das vegetative Nervensystem und alle Drüsentätigkeiten und reguliert den Blutzucker; reguliert den Stoffwechsel in den Wechseljahrenjahren.

Seelisch: verbindet Bewusstsein und Unterbewusstsein und balanciert diese aus, macht nachdenklich, konzentriert, genügsam und etwas konservativ; befreit blockierte Gefühle, reduziert Schuldgefühle und ermutigt für seine Ideale einzutreten; bestärkt alle geistigen, der Allgemeinheit dienenden Bestrebungen und ist ein motivierender Stein für alle Träumer und Weltverbesserer; verleiht Überzeugungskraft und Durchsetzungsvermögen.

Verfügbar: häufig.

Sonnenstein*

Körperlich: stimuliert das vegetative Nervensystem; fördert das harmonische Zusammenspiel der inneren Organe; wirkt gegen chronisches Asthma; ist hilfreich bei Durchblutungsstörungen; allgemein heilsam für das Herz und den Herzbereich.

Seelisch: macht optimistisch und lebensbejahend, schenkt den Glauben an das Gute und das Glück; lenkt den Blick auf die Sonnenseiten des Lebens; hilft Angst, Selbstzweifel und Depressionen zu überwinden; schenkt ein sonniges Gemüt; fördert die Entfaltung von Talenten, unterstützt positives Denken und kreiert intuitive Einfälle.

Verfügbar: gering.

Sphärolithischer Chalcedon*, Ozean-Jaspis

Körperlich: fördert die Verdauung, wirkt erwärmend, entgiftend, entzündungshemmend, regenerierend und aufbauend; stärkt die spezifische Immunabwehr bei Erkältungen, Fieber, Infekten, Parasiten und Tumoren; verbessert das Blutbild; kräftigt und entschlackt das Bindegewebe.
Seelisch: fördert geistige und seelische Erneuerung, bringt frische Ideen hervor und fördert die Liebe zur Natur; gibt eine gelassene, positive Lebenshaltung, schenkt erfüllte und gestaltete Tage und erquickende Nächte; fördert freundschaftliche Verbundenheit.
Verfügbar: gering.

Sphalerit*, Zinkblende allgemein

Körperlich: beschleunigt Wundheilung, stärkt das Haar, die Haut und verbessert die Immunabwehr; lindert innere Unruhe und nervöse Reizbarkeit; beschleunigt Reflexe und verbessert die Sinneswahrnehmung.
Seelisch: schenkt erholsamen Schlaf, verbessert die Koordination, stärkt das abstrakte Denken, das Gedächtnis und die Konzentration; hilft neue Informationen rasch und richtig einzuordnen.
Verfügbar: häufig.

Sphalerit, Zinkblende opak

Körperlich: wirkt unterstützend bei Diabetes; hilft bei Schürfungen, hält die Haut elastisch, stärkt das Gehirn.

Seelisch: verbessert die Abgrenzungsfähigkeit und die Sammlung.
Verfügbar: häufig.

Sphalerit, Honigblende transparent

Körperlich: fördert die Fruchtbarkeit bei Mann und Frau.
Seelisch: regt den Geist stark an, begeistert, fördert Temperament, Idealismus und Einsicht gleichermaßen; hilft verschiedene Dinge gleichzeitig zu tun, hilft bei Erschöpfung, wirkt erdend.
Verfügbar: selten.

Sphen*

Körperlich: hilft bei Zahnproblemen: reduziert Schmerzen, rettet stark gefährdete Zähne; festigt das Zahnfleisch; stoppt Entzündungen, auch der Stirnhöhlen; regt den Stoffwechsel an; hilft bei Überdehnung und Verstauchung; beruhigt die Haut; fördert das Größenwachstum bei Kindern; stellt ein Gleichgewicht zwischen weißen und roten Blutkörperchen her;

wirkt bei Erkältungen und Grippe und ist dann auch temperaturerhöhend.
Seelisch: beruhigt wirkt psychisch stabilisierend und aufbauend; vermittelt geistige Weite, innere Größe und Aufrichtigkeit und ermutigt, allen Widerständen zum Trotz den eigenen Weg zu gehen.
Verfügbar: selten.

Spinell*

Körperlich: hilft bei Schilddrüsenerkrankungen; bessert Asthma und erhöht niedrigen Blutdruck; angezeigt bei Kollapsneigung und Schwindelgefühl; belebt taube, gefühllose oder gelähmte Gliedmaßen; fördert die Funktion von Nerven und Muskeln und ist krampflösend; regt den Darm an; wirkt beruhigend auf Entzündungen aller Art, selbst Nervenentzündungen.
Seelisch: löst Ängste und Depressionen; fördert eine lebensbejahende Gesinnung; hilft sich selbst so anzunehmen, wie man ist; gibt Mut, Zuversicht und Beständigkeit, wenn man zu schnell aufgibt; verleiht Spannkraft, Dynamik und Temperament, erleichtert die Konfrontation heftiger Emotionen, gibt überschwänglicher Energie Form und Dauer; intensiviert die Absicht, richtet sie stärker auf ein Ziel aus und hilft es auch zu erreichen, schenkt Selbstvertrauen nach Misserfolgen und Einschränkungen.
Verfügbar: selten.

Staurolith*

Körperlich: mildert den Verlauf von Infektionskrankheiten; reduziert die Nebenwirkungen chemischer Therapien; wirkt fiebersenkend; beruhigt die Nerven und schützt vor Krampfanfällen, Hirngeschwülsten und Benommenheit.
Seelisch: holt einen wieder in die Realität zurück; erzeugt den Wunsch nach Wandlung und Veränderung, hilft sein Leben auf Stagnation und faule Kompromisse zu überprüfen; gibt den Impuls, vorhandene Notsituationen zu wenden; lässt die Bedeutung von wiederkehrenden Situationen erkennen; erleichtert depressive Phasen; hilft sich zu sammeln und fördert Nüchternheit.
Verfügbar: gering.

Steatit*

Körperlich: wirkt sanft gegen Hautprobleme; stärkt Herz und Thymusdrüse; reguliert allgemeine Fehlfunktionen der Hormondrüsen.
Seelisch: setzt verborgene Fähigkeiten frei und hilft Probleme zu lösen, die ihre Ursache in

lange zurückliegenden Erfahrungen haben; verleiht Nachgiebigkeit, Anpassungsfähigkeit und schützt vor emotionalen Übergriffen.
Verfügbar: häufig.

Stilbit siehe Zeolith

Stromatolith*

Körperlich: stärkt das Körpergewebe; fördert Ausscheidung und Stoffwechsel; bessert Asthma; erhöht niedrigen und senkt hohen Blutdruck; begünstigt die Beweglichkeit, vitalisiert auf der Zellebene.
Seelisch: macht das leben lebenswert durch Abwechslung, Erholung, Ruhe und Aktivität; hilft sich vom Leben tragen zu lassen und im Einklang mit seinen Bedürfnissen zu handeln, hilft den eigenen Standpunkt zu bewahren, aber dennoch kompromissbereit und anpassungsfähig zu sein.
Verfügbar: selten.

Strontianit*

Körperlich: lindert Energiemangelerscheinungen wie Kopfschmerz, Verspannungen, An-

strengung, Schwindelgefühle und Überspanntheit; erhöht körperliche Leistungsfähigkeit, Ausdauer und Durchhaltevermögen; fördert das Bedürfnis nach körperlicher Bewegung; hilft gegen Zuckungen und Spasmen, vor allem in den Beinen, und kann in diesem Zusammenhang bei multipler Sklerose eingesetzt werden; bessert Schmerzen und Schwellungen nach stumpfen Traumen.
Seelisch: stärkt das Selbstwertgefühl; hilft, bei Ungewissheiten und Veränderungen im Leben sowie bei emotionalen Wechselbädern, einen übergeordneten Standpunkt einzunehmen, und befähigt, sein Leben von einer äußeren Warte aus zu betrachten; beschleunigt in Umbruchsphasen Entwicklungen und nimmt Zukunftsangst; weist unangemessene Forderungen zurück, hilft sich mit Begeisterung in unangenehme Arbeiten zu stürzen; entwickelt eine gute Konfliktbereitschaft, führt zu intensiven Träumen.
Verfügbar: gering.

Sugilith*

Körperlich: harmonisiert Nerven und Großhirnrinde und hilft bei Psychosen, Epilepsie, Legasthenie und motorischen Störungen; lindert Schmerzen, sogar unerträgliche Zahnschmerzen und Kopfschmerzen; wird bei Bluterkrankungen, auch bei Leukämie verwendet; beseitigt Lymphstaus und lässt Ödeme verschwinden; hilft bei der Narbenentstörung.
Seelisch: hilft bei jeder Form von Angst; befähigt kompromisslos Konflikte zu lösen und die Wahrheit zu ermitteln; lässt Unangenehmes leichter ertragen; lehrt Veränderungen anzunehmen; aktiviert gleichermaßen Sexual- und Überlebenstrieb, Geist und Erkenntnisdrang.
Verfügbar: selten.

Sugilith mit Richterit*

Körperlich: wird unterstützend in der Krebstherapie und bei allen schweren, zehrenden Erkrankungen eingesetzt.
Seelisch: stabilisiert die Psyche stärker als Sugilith.
Verfügbar: selten.

Tansanit*

Körperlich: bessert atrophische Hauterkrankungen; stärkt die Nieren und lindert Augenprobleme; hilft nach völliger Erschöpfung; heilsam für Nerven und Gehirn; hilft bei Koma

und Lähmungen, vom Körper Besitz zu ergreifen.
Seelisch: ermöglicht, die eigene innere Berufung zu erkennen; hilft Vertrauen in die Existenz zu entwickeln; hilft bei Verzweiflung, negativen geistigen Einflüssen, selbstzerstörerischen Tendenzen, Desorientierung; fördert Klarheit, Weisheit, Sinnfindung, Frieden und Reife.
Verfügbar: selten.

Tektit, schwarz

Körperlich: verbessert das biologische Kompensationsvermögen gegenüber Elektrosmog, Strahlung und geopathologischen Einflüssen.
Seelisch: hilft bei Schocks, bösen Überraschungen und Verwirrung, Aufgelöstheit und Weinkrämpfen; zeigt seine geistige Herkunft, nimmt Zukunftsängste; hilft sich von falschen Sicherheiten zu lösen; kann vor geistigen Angriffen schützen.
Verfügbar: häufig.

Thulit*

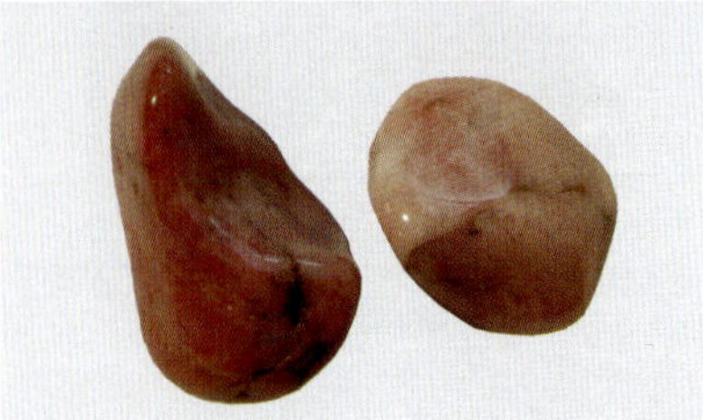

Körperlich: wirkt sexuell stimulierend; fördert die Fruchtbarkeit bei Männern und Frauen und hilft bei Erkrankungen der Hoden, Eierstöcke und Geschlechtsorgane; erhöht sanft den Blutdruck und verbessert die periphere Durchblutung; beugt Schwächezuständen und Ohnmachtsanfällen vor; kann bei der Behandlung von Calciummangel und Darmbeschwerden verwendet werden.

Seelisch: wirkt bei Melancholie und Motivationslosigkeit; regt die Lebensenergie und Kreativität an; steigert die Intensität des Lebens, Anstrengungen und Erholung; inspiriert zu neuen Unternehmungen; verleiht Mut, sich größeren Herausforderungen zu stellen und Vorsätze durchzuziehen; hilft Schwierigkeiten und Widerstände zu überwinden; verbindet mit Ahnen und Heimat, fördert Erdverbundenheit und die Liebe zur Natur.

Verfügbar: selten.

Tigerauge*

Körperlich: stärkt Atemwege und Lunge; bessert Bronchitis und lindert die Atemnot bei Asthmaanfällen; kräftigt Knochen und Gelenke; mildert Gelenk- und Knochenschmerzen, hilft bei Sehnenscheidenentzündung und Kniegelenksentzündung, wird bei Knochenbrüchen empfohlen; angezeigt bei Kopfschmerzen und Migräne; stärkt die Funktion des Darmtraktes und der Verdauung und lindert Schmerzen in der Bauchgegend; reguliert

den Blutzuckerspiegel; hilft bei Übererregung der Nerven; bessert Krampfanfälle und Störung der Motorik.

Seelisch: hilft, beschleunigt richtige Entscheidungen zu treffen; weckt und stärkt die »innere Sonne«; unterstützend bei Mutlosigkeit, starken Stimmungsschwankungen, Stress, Verwirrtheit, Zweifeln; hilft vieles gleichzeitig zu registrieren und zu verfolgen; fördert das intuitive Verstehen; hilft sehr früh potenzielle Störungen zu erkennen und zu handhaben, bevor man gefühlsmäßig zu stark beeindruckt wird.

Verfügbar: häufig.

Tigerauge mit Falkenauge

Körperlich: lindert Schmerzen, reguliert die Nebennieren und hilft bei akuten Asthmaanfällen.

Verfügbar: häufig.

Tigereisen*

Körperlich: regt die körperliche Vitalität an und erhöht die Leistungsfähigkeit; fördert die

Eisenaufnahme und steigert die Anzahl der roten Blutkörperchen; verbessert die Durchblutung und die Sauerstoffaufnahme im Körper; hilft bei Erschöpfung und Schlaffheit; lindert verspannungsbedingten Kopfschmerz und Migräne.

Seelisch: steigert die Konzentration; schenkt Mut, sich in einer Gruppe zu behaupten; unterstützt kreative Vorhaben, indem er die praktische Umsetzung forciert; ermöglicht ein entschlossenes Handeln.

Verfügbar: gering.

Topas*, allgemein

Körperlich: wirkt auf die Augen bei Bindehautentzündung und grauem Star; stärkt die Sinne und hilft bei Geschmacksverlust; reguliert die Schilddrüsenfunktion; regt die Zirbeldrüse an, aktiviert das Immunsystem; verbessert unspezifisch alle Stoffwechselvorgänge und verbessert die Energieverteilung.

Seelisch: fördert Selbständigkeit und Selbstverwirklichung; hilft geistige Weite und inneren Reichtum zu entfalten, hilft selbstbestimmt das eigene Leben zu leben; stärkt Autorität und Persönlichkeit, hilft Verantwortung zu übernehmen; bringt Gefühle ins Gleichgewicht.

Topas, blau

Körperlich: hilft bei Sprachstörungen, Stottern und verbessert das Gehör; regt Verdauung an; lindert Magersucht; wirkt unterstützend auf Bauchspeicheldrüse; stärkt die Nerven, löst Verspannungen und daraus resultierende Kopfschmerzen.

Seelisch: besänftigt überhitzte Emotionen, lindert Anspannung und Leistungsdruck; versetzt in heitere und gelöste Stimmung; hilft jene Ziele zu finden, die Glück und Erfüllung bieten, hilft sie anzuziehen und zu manifestieren; hilft aus den Fehlern des Lebens zu lernen und Weisheit zu erlangen; fördert, Vollkommenheit und Vollständigkeit zu erreichen.

Verfügbar: selten.

Topas, gelb

Körperlich: stärkt Bauchspeicheldrüse, Magen und Dünndarm, lindert Unverträglichkeiten.

Seelisch: macht selbstsicher, hilft sich die eigene Bedeutung zu vergegenwärtigen; hilft sich mal was zu gönnen, für Vergnügen und Abwechslung zu sorgen.
Verfügbar: selten.

Topas, farblos

Körperlich: hilft bei Sehschwäche und Augenleiden; regeneriert das Nervensystem, die Lymphknoten und das Immunsystem.
Seelisch: fördert die geistig-seelische Entwicklung, hilft in seine Aufgaben hineinzuwachsen; hilft sich über Weg und Ziel klar zu werden; reduziert Nervosität und Schlaflosigkeit; hilft Erfahrungen zu verarbeiten; fördert Freundschaft, Größe und Glanz.
Verfügbar: selten.

Topas Imperial, Goldtopas*

Körperlich: bessert Asthmaanfälle; verhilft bei sowohl Über- als auch Untergewicht, das rechte Maß zu finden; erhöht niedrigen Blutdruck und ist blutstillend; hilft Arterienverkalkung und Arterienverengung zu öffnen; stärkt den Herzrhythmus, stimuliert das sympathische Nervensystem; intensiviert Geschmacksnerven und belebt den Geschmackssinn; fördert die weibliche Fruchtbarkeit.
Seelisch: stark stimmungsaufhellend und motivierend bei depressiven Zuständen; macht extravertiert, großzügig und etwas aufgedreht; gibt selbstbewusstes und charismatisches Auftreten.
Verfügbar: gering.

Topas, weiß

Körperlich: wirkt auf das Nervensystem, die Lymphknoten und das Immunsystem.
Seelisch: wirksam bei Nervosität und Schlaflosigkeit.
Verfügbar: gering.

Tugtupit*

Körperlich: stabilisiert das Gleichgewicht, mildert Bewegungsstörungen und verbessert die Beweglichkeit; fördert die periphere Durchblutung und strafft das Gewebe.
Seelisch: kompensiert Energiemangel; baut Stress ab; hilft bei Selbstzweifeln, Rachege-

fühlen und Selbstmitleid; macht fröhlich und selbstbewusst; gibt Einfühlungsvermögen und Verständnis für andere; verbessert den Selbstausdruck.
Verfügbar: selten.

Türkis*

Körperlich: reguliert Schilddrüsenprobleme; hilfreich bei Magersucht und Bulimie; wirkt krampflösend, entzündungshemmend, entgiftend und fiebersenkend; angezeigt bei Erschöpfung, Magenbeschwerden, Zahnproblemen und Atemwegserkrankungen, speziell bei Stirnhöhlenentzündung, Halsentzündungen, Keuchhusten, Bronchitis und Lungenentzündung; schmerzlindernd bei Rückenschmerzen und Hämorrhoiden.
Seelisch: gleicht Stimmungsschwankungen aus; mindert Lebensangst, Nervosität und Stottern; schützt vor Angriffen, Belastungen und Fremdeinflüssen; hilft gegen Schicksalsgläubigkeit und Opferhaltung; stärkt Selbstvertrauen und Durchsetzungsvermögen; schenkt Lebensfreude und Energie, frische Energie und Motivation.
Verfügbar: häufig.

Turmalin*, allgemein

Körperlich: regt den gesamten Stoffwechsel an; hilft bei Schwäche und Mineralstoffmangel; regeneriert geschädigte Nerven; hilft bei Lähmungserscheinungen; entstört Narbengewebe; verbessert die Sinnesfunktionen; stärkt den Gleichgewichtssinn und hilft Kleinkindern, nicht zu stürzen und ihren Körper im Raum zu

koordinieren; wirkt auf übergeordnete Hirnregionen, auf den Hormonhaushalt und das limbische System und damit emotionales Verhalten; lindert Spannungen.
Seelisch: fördert die Schaffenskraft, hilft intuitiven und kreativen Ideen Form und Gestalt zu geben; hilft den eigenen Standpunkt zu finden und zu behaupten; fördert wahre Einheit mit sich selber, Originalität und Individualität, stärkt die Ausstrahlung; hilft zur rechten Zeit am rechten Ort zu sein; hilft Dinge zu erkennen und sofort zu begreifen; regt die Fantasie an; intensiviert das Lebensgefühl; gibt Präsenz in der Gegenwart.

Turmalin als länglicher Kristall

Körperlich: leitet Energie von seiner Basis zur Spitze; einsetzbar bei Energiemangel, Taubheit und Kälte oder Überschuss; Schmerz und Hitze; überbrückt und heilt Narbengewebe.
Seelisch: verbindet alle Wesensglieder, fördert Gewissen und Integrität; verbessert das Zusammenspiel von geistigem Wesen, Denken, Fühlen, Wollen und Tun; reinigt das Energiefeld und leitet Spannungen und Dissonanzen ab; macht unangreifbar und standfest.
Verfügbar: häufig.

Turmalin, Scheibe, Querschnitt

Körperlich: bessert Gefäße, Bindegewebe, innere Organe und die Haut.
Seelisch: bringt das Innere und die Welt in eine harmonische Beziehung, hilft seinen Platz zu finden und einzunehmen; stärkt Individualität und freien Gefühlsausdruck, hilft in die Mitte zu kommen.
Verfügbar: häufig.

Turmalin, Multicolor-Kette

Körperlich: harmonisiert Säftehaushalt, Bewegungsapparat und Nerven/Sinnesorganisation.
Seelisch: lässt Gefühle frei fließen, öffnet Herz und Sinne, verleiht Schönheit und Würde.
Verfügbar: gering.

Turmalin, blau

Körperlich: reguliert die Mineralsalze über die Nebennieren; regt den Wasserhaushalt an und fördert die Ausscheidung der Nieren und der Blase; heilt Brandwunden; hilft bei Kehlkopfentzündungen, Halsentzündungen und Bronchialerkrankungen.
Seelisch: hilft im Einklang mit den Gesetzen der Natur zu leben; stärkt Liebe, Treue, Zuwendung, Reinheit und Geduld; macht dankbar, besonnen und wirkt verfeinernd; fördert Toleranz und Verantwortungsbewusstsein; bringt die Gefühle ins Fliessen; stärkt die Aufnahme- und Rückruffähigkeit.
Verfügbar: selten.

Turmalin, braun, Dravit

Körperlich: wirkt entspannend und krampflösend bei Nackenverspannungen, regeneriert und verbessert die Sauerstoffversorgung von Zellen, Gewebe und Organen; hilft bei Cellulite und Narbenheilung; lindert degenerative Hauterkrankungen; hilft besonders bei Verstopfung und Unterleibsproblemen; lindert bei Rheuma; greift in die Blutbildung und Blutgerinnung ein.
Seelisch: fördert den Gemeinschaftssinn bei familiären Problemen; hilft sich in Gruppen besser einzugliedern, anzupassen und seinen Platz zu finden; hilft zu sehen, was zu tun ist, und hilft bei der Umsetzung.
Verfügbar: selten.

Turmalin, gelb

Körperlich: regt Sinne, Nerven, Verdauung und Stoffwechsel an, hilft bei unklaren Schmerzzuständen.

Seelisch: bringt Zufriedenheit und Interesse; stärkt das Selbstvertrauen; hilft seine Talente frei zu entfalten; stärkt das Gedächtnis; macht unternehmungslustig und optimistisch.
Verfügbar: selten.

▲ Turmalin, grün

Körperlich: stärkt das Herz; fördert die Entgiftung; erhöht die Enzymaktivität der Zellen und erneuert die Zellen; belebt und vitalisiert das vegetative Nervensystem, regt die Ausscheidungsvorgänge des Dickdarms an und hilft sowohl bei Verstopfung als auch bei Durchfall; wird bei Störungen der Verdauungsorgane, besonders der Leber und der Bauchspeicheldrüse, eingesetzt; kräftigt den Herzmuskel; hilft bei degenerativen Prozessen und Tumoren.
Seelisch: stärkt die gesamte Vitalität, fördert Erlebnishunger, macht robuster und fördert dennoch Empfindungsfähigkeit und Kunstsinn; fördert das Interesse an Begegnung, hilft jedoch auch sich abzugrenzen; intensiviert die Gefühlswahrnehmung, fördert Freude und Dankbarkeit.
Verfügbar: selten.

▲ Turmalin, Paraiba-Turmalin pink, cyan

Körperlich: stimuliert die Hormonproduktion, die Hirnnerven sowie das Zentralnervensystem; aktiviert Leber und Galle.
Seelisch: bringt Glück, hilft bedingungslos zu lieben; öffnet Herz und Sinne für das Schöne.
Verfügbar: selten.

▲ Turmalin polychrom, tricolor

Körperlich: harmonisiert Nerven, Stoffwechsel, Hormondrüsen und Immunsystem.
Seelisch: hilft Entwicklungstendenzen zu beobachten und harmonisch zu beeinflussen; regt die innere Bilderwelt an.
Verfügbar: gering.

▲ Turmalin, rot

Körperlich: aktiviert und reguliert den Stoffwechsel; wirkt über die Hypophyse auf Blutbildung und Blutgefäße; regt den Kreislauf und die Blutreinigung an; aktiviert die Sexual-

organe, hilft gegen Unfruchtbarkeit, Unlust und Geschlechtskrankheiten; stärkt Herz und Milz; wirkt vorbeugend gegen degenerative Zellveränderungen.

Seelisch: ist gut bei Ideenmangel und gestaltet geistige Entwicklungen dynamischer und flexibler; stärkt den Willen, hilft die Initiative zu ergreifen und sich mit Herz und Seele einzusetzen; fördert eine genussvolle Sexualität.

Verfügbar: selten.

Turmalin, schwarz*

Körperlich: wirkt entspannend; schmerzlindernd bei Energieblockaden der Haut, Muskulatur und des Bewegungsapparates; hilft Strahleneinflüsse und Elektrosmog zu neutralisieren; regt die Nieren an und entgiftet den Körper, auch von Schwermetallen; aktiviert den Energiefluss und wird zur Narbenentstörung verwendet; hilft bei Verstopfung und Durchfall.

Seelisch: fördert Gelassenheit, lindert Stress, schützt vor äußeren Einflüssen, macht nüchtern, klar, logisch und rational; gilt mit Recht als bester Schutzstein.

Verfügbar: häufig.

Turmalin, Wassermelonen-Turmalin

Körperlich: ist schmerzlindernd; fördert die Regeneration markhaltiger Nerven bei Lähmungen und Taubheitsgefühlen, auch bei multipler Sklerose; wird bei allen Erkrankungen des Nervensystems, auch zur Nervenregeneration eingesetzt; stimuliert die endokrinen Drüsen.

Seelisch: verbessert den Selbstausdruck; vermittelt Wärme und Schutz; hilft Freundschaft und vertrauensvolle Zuneigung zu erfahren.

Verfügbar: gering.

Turmalin-Quarz*

Körperlich: belebend und kräftigend für energetisch verarmte Körperbereiche; krampflösend bei Asthma; entspannt die Muskulatur; hilft bei Verdauungsstörungen; beseitigt Giftstoffe aus dem Körper; hilft bei Gelenkentzündungen, Arthritis und Arthrose.

Seelisch: ermutigt, zu seinen Fehlern zu stehen; hilft Negatives in Förderliches zu transformieren; hilft bei Zerrissenheit, inneren Spannungen und Konflikten; ermutigt, sich so

zu akzeptieren, wie man ist; holt unterdrückte Aggressionen ins Bewusstsein und befähigt, mit ihnen besser umzugehen.
Energetisch: neutralisiert eine zu hohe Dosis an aufgenommener Strahlung im Körper. Turmalin-Quarz ist wohl der wichtigste Strahlungsentstörer bei gepulsten Frequenzen oder Bildschirmen.
Verfügbar: häufig.

Ulexit*

Körperlich: gut bei Augenstörungen; bringt Glanz in die Iris; bei Ermüdung und Überanstrengung; stärkt das Bindegewebe und bessert das Hautbild bei Zellulitis; hilft bei strapazierten Nerven und bei Übelkeit; stabilisiert körperlich und seelisch bei Überlastung sowie emotionalen und vitalen Schwankungen.
Seelisch: gibt Realitätssinn; schützt vor allzu großer Vertrauensseligkeit und bewahrt davor, ausgenutzt zu werden; ermöglicht sich mit anderen zu identifizieren und deren inneres Wesen zu erkennen; regt die Fantasie an; verstärkt die Kreativität im Geschäftsleben und hilft benötigte Güter aufzutreiben.
Verfügbar: gering.
Bildhinweis: Schrift unter einer Ulexit-Scheibe erscheint, als ob sie auf deren Oberfläche stünde.

Unakit*, Epidot-Quarz-Feldspat

Körperlich: fördert die Regenerationskraft der Leber und wirkt auf den Gallenfluss; beschleunigt den Heilungsprozess nach Infektionen.
Seelisch: erhöht die Belastbarkeit; hilft sich zum Beispiel nach Krankenhausaufenthalten oder nach der Entbindung nicht zu schnell wieder zu belasten; stärkt alle Wesensbereiche; lindert Kummer und Selbstmitleid.
Verfügbar: häufig.

Vanadinit*

Körperlich: lindert Atemstörungen und asthmatische Anfälle; bessert Blasenbeschwerden, mildert Schmerzen beim Wasserlassen; bessert schlecht heilende entzündliche Wunden; bringt latente Krankheiten zum Vorschein.
Seelisch: hilft große Lebensprüfungen sowie Veränderungen im Leben durchzustehen und verringert Abschiedsschmerzen; bringt Ordnung ins Leben, lehrt Ziele zu definieren und diese geordnet anzugehen; gut für verschwenderische Menschen: hilft spar sam mit Lebensenergie und mit Geld umzugehen.
Verfügbar: selten.

Variscit*

Körperlich: wirkt regenerierend, entsäuernd, entgiftend, krampflösend und fördert die Harmonie im Körper; mobilisiert Energiereserven; aktiviert bei Erschöpfungszuständen und hilft gegen chronische Müdigkeit; bringt das Zentralnervensystem ins Gleichgewicht; lindert innere Unruhe und Zittern; hilft bei allen Folgen von Übersäuerung.
Seelisch: mildert tiefsitzende Trauer; macht wach, interessiert und aufmerksam; wirkt aufmunternd und stimmungsaufhellend; schenkt bei Verzweiflung Beharrlichkeit; fördert rationales Denken, hilft sich verständlich auszudrücken und auch andere besser zu verstehen; lässt Zusammenhänge schneller erfassen.
Verfügbar: selten.

Verdit, Fuchsit-Serpentin-Ton

Körperlich: fördert Entschlackung und Ausscheidung, entsäuert, löst chronisch verspannte Muskulatur.
Seelisch: hilft gelassen und ohne Wertung zu beobachten; hilft sich schneller zu arrangieren; unterstützt Selbständigkeit und Eigenverantwortung.
Verfügbar: gering.

Versteinertes Holz*, allgemein

Körperlich: regt den Stoffwechsel an; unterstützt Übergewichtige beim Abnehmen; fördert die Wasserausscheidung und beruhigt die Nerven; schützt vor Infektionen und stabilisiert die Abwehr; optimiert die Geweberegeneration; schützt vor Arterienverkalkung und Gefäßverengungen; eignet sich zur Behandlung von Unterleibs- und Prostatabeschwerden; bessert Muskelschwäche, Rückenbeschwerden und Gelenksrheuma.
Seelisch: hilft sich »zu erden«, wenn man dazu neigt, sich in Gedanken zu verlieren, unkonzentriert abzuschweifen und Begonnenes unvollendet zu lassen; hilft mit Belastungen umzugehen und körperlich wie seelisch regenerative Kräfte aufzubauen; macht geduldig und hilft festen Boden unter den Füßen zu gewinnen; regt die Fantasie an; lädt auf innere Entdeckungsreisen ein; hilft im Einklang mit dem Ort und den natürlichen Zeitrhythmen zu handeln.
Verfügbar: häufig.

Versteinerte Koralle, Petoskey-Stein

Körperlich: hilft bei Atemnot, verkrampften Bronchien und Husten; regeneriert Haut und Darm.

Seelisch: hilft Menschenscheuen gelassener und offener auf andere zuzugehen und Gemeinschaftssinn zu entwickeln.
Verfügbar: selten.

Versteinertes Palmholz

Körperlich: stärkt alle Stoffwechselvorgänge, verbessert den Lymphfluss; wirkt auf den Säftehaushalt.
Seelisch: hilft, in Gedanken ganz bei der Sache zu sein; erhöht die Reaktionsgeschwindigkeit.
Verfügbar: selten.

Vesuvian, Idokras

Körperlich: wirkt reinigend und entschlackend; beschleunigt den Genesungsvorgang bei schweren Erkrankungen und hilft bei chronischen Erkrankungen, die mitunter durch Schwermetallgifte entstanden sind; härtet den Zahnschmelz; hilft bei gestörtem Mineralstoff- und Elektrolythaushalt.
Seelisch: strukturiert bei dem Gefühl, neben sich zu stehen, und der Getrenntheit; hilft bei

Schwermut und Unzufriedenheit, ermöglicht die Lösung von Problemen; befähigt Verhaltensmuster loszulassen und Ängste zu überwinden; setzt blockierte mentale Fähigkeiten frei, verbessert das Unterscheidungsvermögen und hilft Unvollkommenheit zu überwinden.
Verfügbar: selten.

Vesuvianit, Californit

Körperlich: entsäuert, entschlackt, regeneriert und bessert entzündliche Prozesse.
Seelisch: hilft über negative Erfahrungen zu sprechen; weckt Interesse und hilft den Dingen auf den Grund zu gehen; hilft alle Persönlichkeitsanteile zu integrieren; Abhängigkeiten und Gewohnheiten abzulegen.
Verfügbar: selten.

Vivianit

Körperlich: wirkt belebend; regt die Freisetzung eingelagerter Säuren aus dem Gewebe an und unterstützt damit Entsäuerungskuren; regt die Leber an und verstärkt die Eisenaufnahme.

Seelisch: gibt ein intensives Lebensgefühl; macht dynamisch, emotional und mitreißend; hilft das Leben und seine Gefühlswelt von vielen Seiten kennen zu lernen; weckt Abenteuerlust; belebt Paarbeziehungen, rüttelt aus Langeweile auf und inspiriert, sich aktiv mit der Umwelt auseinander zu setzen; klärt Weg und Absicht zu positiven Zielen, auch bei belastenden Erinnerungen.
Verfügbar: selten.

Wavellit

Körperlich: harmonisiert den Fluss von Körperflüssigkeiten und kann zur Behandlung von Dermatitis eingesetzt werden.
Seelisch: hilft wenn man seine Energie bremst und zurückhält; unterstützt geistiges Wachstum und Ausdehnung; lenkt den Blick vom zentralen Punkt eines Themas auf weitere Details, wodurch ein vollständiges Bild der Situation erfasst werden kann.
Verfügbar: selten.

Wismut*

Körperlich: wirkt desinfizierend und zusammenziehend, fördert die Wundheilung; ist fiebersenkend und wird bei krampfartigen Zuständen eingesetzt.
Seelisch: schenkt Gelassenheit in allen Lebenslagen; fördert kindliche Unbefangenheit; hilft das Dasein zu akzeptieren, vor allem bei Einsamkeitsgefühlen; fördert den Zusammenhalt von Gruppen und Beziehungen, ohne dass der Einzelne seine Selbstständigkeit aufgeben muss.
Verfügbar: selten.

Wolframit

Körperlich: hilft bei niedrigen Blutzuckerwerten; bessert die Ausrichtung der Wirbel; versorgt den Körper mit Kraft; kann bei der Behandlung von Eisenmangelstörungen verwendet werden.
Seelisch: fördert besonnene zweckmäßige Handlungen; fördert natürliche Ordnung und hilf,t dass sich Situationen von alleine regeln; erleichtert es, zu vertrauen und auf Kontrolle und Eingriffe zu verzichten.
Verfügbar: selten.

Wollastonit*

Körperlich: fördert den basischen Stoffwechsel; lindert Kreislaufprobleme, kräftigt schwa-

che Muskulatur; lindert Schmerzen und Herzbeschwerden; stärkt das Bindegewebe und glättet die Haut; verbessert Tonus und Haltung.
Seelisch: vermittelt elastische Widerstandskraft; hilft sich von abwertender Kritik und Beleidigung nicht aus der Bahn werfen zu lassen; schenkt Gelassenheit in Stresszeiten, unterstützt die Meditation und das Träumen; hilft sich mitzuteilen und fördert das Verbundensein mit der Umwelt; weckt den Wunsch nach Heilung und heil zu sein.
Verfügbar: selten.

Wulfenit*

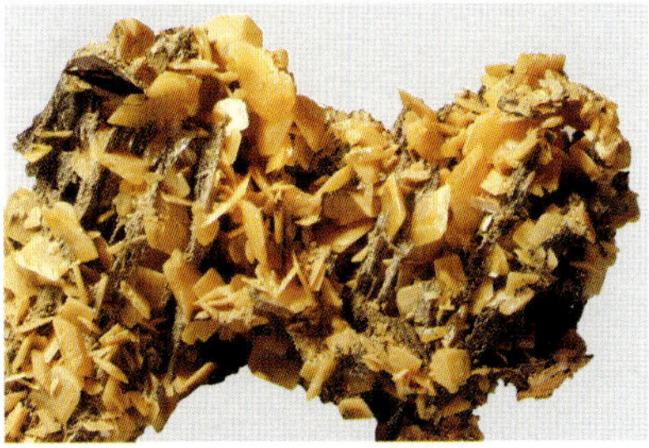

Körperlich: verringert Austrocknung und Verhärtung; hilft bei Beschwerden von Magen und Darm; vermindert Steinbildung in Galle und Niere; bessert Muskelschwund.
Seelisch: hilft Machtspielchen zu erkennen, um sie schließlich ablegen oder bewusst akzeptieren zu können; ermöglicht Verhaltensmuster, die durch Erziehung entstanden sind, zu erkennen, um sie ablegen oder bewusst akzeptieren zu können; befreit von zwanghafter Zurückhaltung; hilft sich mit dem Negativen abzufinden und trotzdem fortzuschreiten.
Verfügbar: selten.

Zebra-Stein

Körperlich: wird zur Behandlung von Knochenschwund, bei Hauttrockenheit und bei Herzrhythmusstörungen verwendet; bessert die Reizleitung der Nerven.
Seelisch: sorgt für Ausdauer und Durchhaltevermögen; unterstützt Sportler, die Leistung trotz Tiefs zu halten; hilft zusätzliche Energie zu tanken; lehrt dass Energie und Liebe unerschöpflich sind; hilft den Dingen auf den Grund zu gehen und hinter die Fassade zu blicken.
Verfügbar: gering.

Zeolith*, allgemein

Allgemeine Wirkung: bindet Kationen aus dem Wasser und verringert die Wasserhärte; bindet giftige Stoffe und Gerüche ätherisch; intensiviert Reiki-Energien; hilft bei Alkoholismus, Abgeschlagenheit, Blähungen, senkt Fieber, verbessert die Zellregeneration.

Energetisch: begünstigt den Wissensaustausch mit der Umgebung, unterstützt Fairness und Anpassungsfähigkeit, fördert Bescheidenheit und stille Größe, hilft unkonventionelle Problemlösungen zu entdecken; erzeugt ein stabiles elektromagnetisches Feld um den physischen Körper; beschleunigt den Transfer und die Aufnahme von Informationen mit denjenigen, die in telepathischer Kommunikation zu einem stehen; verbessert die Verbindung zwischen dem physischen und ätherischen Körper.

Zeolith, Skolezit

Körperlich: regt den Kreislauf an; löst Blutgerinnsel in den Arterien; behebt Probleme des Magen-Darm-Traktes; hilft bei Augen-, Hirn- und Lungenproblemen.
Seelisch: stärkt den Zusammenhalt in Beziehungen und Organisationen; fördert den Teamgeist; hilft mit der geistigen Welt in Kontakt zu kommen.
Verfügbar: selten.

Zeolith, Okenit

Körperlich: verbessert die Durchblutung der Arme; kann bei dem Gefühl schmerzhaft aufgeladener Haare oder Finger helfen.
Seelisch: ermöglicht auch im Alter klar und geistig beweglich zu bleiben.
Verfügbar: selten.

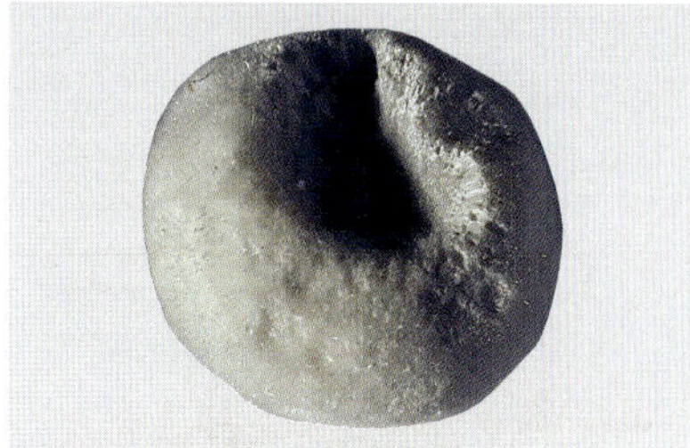

Zeolith, Stilbit

Körperlich: hilft bei Verlust des Geschmacksinns; hilft bei Problemen mit dem Kehlkopf; kräftigt Bänder und Muskulatur.
Seelisch: gibt Führung in körperlosen Zuständen; fördert die Kreativität und die Intuition; spendet Leichtigkeit, Freude und feinen Humor.
Verfügbar: häufig.

Zinkit

Körperlich: bei Prostatahypertrophie; zur Verbesserung von Haut und Haaren.
Seelisch: zieht Gleichgesinnte an; verstärkt das Gruppenbewusstsein; sorgt für die Synthese der persönlichen Stärke.
Verfügbar: selten.

Zinnober, Cinnabarit

Körperlich: fördert Entgiftungsprozesse des Verdauungstrakts; wird bei geschwollenen und verhärteten Drüsen und bei Schleimhautentzündungen eingesetzt; bessert Zahnfleischentzündungen; aktiviert die Bildung weißer Blutkörperchen und baut damit das Immunsystem auf.
Seelisch: wirkt antidepressiv; bessert Konzentrationsstörungen, macht aufnahmebereit und lernfähig; fördert schnelles Denken, Kommunikation und das Fokussieren des Willens; wirkt gegen Nervosität, Unruhe und Zittern; regt Würde und Lebenskraft an.
Verfügbar: selten.

Zinnober-Opal

Körperlich: entgiftet intensiv vor allem bei Amalgamvergiftungen, oft mit starken Erstverschlimmerungen; bessert Angina und andere Entzündungen im Mundbereich.
Seelisch: löst alte negative Denk- und Verhaltensmuster; hilft subjektiv völlig neue Gedanken zu erfassen, ohne Widerstände aufzubauen; fördert die Begeisterungsfähigkeit; hilft sich von schönen Worten nicht blenden zu lassen; gibt ein Gespür für Authentizität und Substanz; hilft geistigen Impulsen zu folgen.
Verfügbar: selten.

Zirkon

Körperlich: hilft bei Augenleiden und stärkt die Sehkraft; lindert Darmstörungen und Verdauungsprobleme; wirkt anregend auf die Enzymausschüttung der Bauchspeicheldrüse; wirkt schmerzlindernd bei Störungen des Nervensystems und krampflösend, insbesondere bei Menstruationsbeschwerden mit verspäteter Regel; reduziert Schwindelgefühle und verbessert den Gleichgewichtssinn; beugt Blutgerinnseln nach Operationen vor; heilt Herzschmerzen; hilfreich bei allergisch bedingter Atemnot sowie bei Beklemmungen.
Seelisch: mildert Ängste und Trauer; beruhigt emotional geladene Menschen; regt an, neue Ideen zu entwickeln und zu verwirklichen; hilft bei innerer Zerrissenheit und okkulter Belastung; mindert unmäßiges sexuelles Verlangen; erleichtert Verluste zu überwinden und sich von Materiellem zu lösen; fördert die Vereinigung der physischen, psychischen und mentalen Prozesse; befähigt Wesentliches von Unwesentlichen zu unterscheiden und verbessert das Abstraktionsvermögen; hilft symbolisches und analoges Denken zu ordnen; sorgt für Ruhe im Traumleben und hilft gegen Halluzinationen.
Verfügbar: gering.

Zitronen-Chrysopras

Körperlich: hilfreich zur Entschlackung und Entsäuerung des Bindegewebes; bei Muskelkater und Folgen von Überanstrengung; erfrischt bei Müdigkeit; reinigt und entlastet das Herz.
Seelisch: hilft Einsamkeit und Hemmungen zu überwinden; entstresst und entspannt; hilft das Leben leichter zu nehmen und positive Abwechslung zu suchen.
Verfügbar: gering.

Zoisit

Körperlich: unterstützt die Fruchtbarkeit; hilft bei Erkrankungen der Prostata, der Hoden und Eierstöcke; neutralisiert Gewebeübersäuerung; wird zur Entzündungshemmung bei Arthritis eingesetzt, stärkt die humorale Abwehr sowie die Regeneration der Zellen und wird zur Erholung nach schweren zehrenden Erkrankungen eingesetzt.
Seelisch: bringt sanfte Anregung; nimmt den Druck, perfekt zu sein oder es allen recht zu machen; hilft verschüttete Gefühle freizulegen und wieder zu entdecken; aktiviert Kraftreserven; lässt Resignation und destruktive Geisteshaltungen überwinden und inspiriert, das eigene Leben selbst in die Hand zu nehmen; eigene Ideen und Wünsche zu entwickeln und zu verwirklichen.
Verfügbar: häufig.

Indikationsverzeichnis

Die folgenden Listen sollen Anfängern das Auffinden eines Heilsteins erleichtern und Erfahrenen neue Anregungen geben. Sie sollen die Arbeit mit Heilsteinen erleichtern und auch Mut machen, im gegebenen Fall einen Stein als Ergänzung zu ärztlichen Therapien hinzuzuziehen. Ebensowenig wie Steine eine Behandlung durch den Heilpraktiker ersetzen, kann das Indikationsverzeichnis eine Heilsteinberatung ersetzen.

Um das Auffinden eines passenden Heilsteins zu erleichtern, wurde hier eine eng eingegrenzte Auswahl bewährter und sicherer Mineralien getroffen. Bei der Suche nach dem für Ihre Bedürfnisse passenden Heilstein geht es zunächst darum, zwei bis vier Begriffe zu finden, die den bestehenden oder erwünschten Zustand beschreiben. (Nach dem gängigen Denken folgen wir dabei der Überlegung: »Was kann ich gegen ... tun?« beziehungsweise »Welchen Stein kann ich gegen ... einsetzen?«) Unter diesen für Sie beziehungsweise Ihren momentanen Zustand relevanten Begriffen schlagen Sie dann nach und vergleichen die dort vorgeschlagenen Mineralien, um schließlich die oder unter den mehrfach genannten Steinen auszuwählen.

Dabei sind folgende Punkte zu beachten: Steine, die grundsätzlich entspannend wirken, werden unter Entspannung geführt, nicht aber bei den einzelnen Beschwerden, bei denen Entspannung hilfreich ist. Bei allergischem Asthma sollte sowohl unter Allergien als auch unter Asthma gesucht werden. Bei großen Mineralgruppen, wie z. B. Calcit oder Turmalin, trifft der Suchbegriff oft nur auf bestimmte Varietäten zu. Der Suchbegriff muss nicht wörtlich beim zugeordneten Stein erscheinen. Suchen Sie nach körperlichen wie auch nach seelischen Indikationen und lesen Sie die Beschreibung der angegebenen Steine durch. Je vollständiger ein Stein auf die konkrete Situation zutrifft, umso besser.

Ausführlich sind die Steine in der ebenfalls im AT Verlag erschienenen »Enzyklopädie der Steinheilkunde« beschrieben; dieses »Taschenlexikon« entspricht weitgehend einer stark gekürzten Fassung der Enzyklopädie.

Körperliche Symptome

A

Ablagerungen in den Gelenken: Apatit, Hiddenit, Bergkristall, Türkis.
Abnehmen: Chalcedon rot, Gold, Goldfluss, grüner Turmalin, Howlith, Marienglas, Rauchquarz, Rubin, Smaragd, Versteinertes Holz.
abschwellend: Amazonit, Apatit, Chalcedon, Euklas, Strontianit.
abwehrstärkend: Bergkristall, Charoit, Chrysolith, Goldtopas, Karneol, Nephrit, Olivin, Pyrit-Sonne, Richterit, Rubin, Schörl, Serpentin, Sphärolithischer Chalcedon, Sugilith, Thulit, Tigereisen, Turmalin, Zoisit.
Abszess: Amethyst, Baryt, Heliotrop, Mondstein, Mookait, Rhodochrosit, Sphärolithischer Chalcedon.
adrenalinanregend: Eudialith, Feueropal, Rubin.
Aktivitäten steigernd: Benitoit, Roter Jaspis.
Allergie mildernd: Apophyllit, Aventurin, Bernstein, Beryll, Chalcedon, Chrysopras, Fluorit, Heliotrop, Landschaftsjaspis, Perle, Phenakit, Sphärolithischer Chalcedon.
Allergische Reaktion der Haut: Achat, Apophyllit, Aquamarin, Aventurin, Bernstein, Bronzit, Calcit, Chrysoberyll, Fluorit, Fuchsit, Hyazinth, Jaspis, Landschafts-Jaspis, Lapislazuli, Larimar, Mahagoni-Obsidian, Moosachat, Phenakit, Saphir, Topas, Türkis, Zirkon.
Allergische Reaktionen der Schleimhäute: Chalcedon, Fluorit, Landschafts-Jaspis.
appetitverbessernd: Apatit grün, Bernstein, Blut-Achat, Covellin, Danburit, Imperial-Topas, Jadeit, Saphir, Tigereisen.
arterienerweiternd: Euklas.
Arthritische Schmerzen: Biotit, Citrin, Euklas, Fluorit, Gagat, Grossular, Magnesit, Rhodochrosit, Saphir, Smaragd, Tigerauge, Türkis.
Asthmatische Atmung: Amber, Aquamarin, Bernstein, Copal, Disthen, Falkenauge, Fluorit, Larimar, Malachit, Obsidian, Onyx, Prasem, Prehnit, Rutit-Quarz, Sonnenstein, Stromatolith, Tigerauge, Turmalin-Quarz, Topas, Türkis, Unakit, Vanadinit.
atemnotlindernd: Heliotrop, Koralle blau.
Atemwegsbeschwerden: Bernstein, Biotit, Chalcedon, Disthen, Falkenauge, Fluorit, Koralle, Larimar, Malachit, Obsidian, Onyx, Pietersit, Rutilquarz, Spinell, Stromatolith, Tigerauge, Turmalinquarz, Topas, Türkis.
atmungsstimulierend: Chalcedon, Enstatit, Koralle, Sillimanit, Türkis.
Augenbrennen: Augen-Achat, Aquamarin, Bergkristall, Falkenauge, Girasol, Chalcedon, Opal, Rhodonit.
Augenermüdung: Augen-Achat, Aquamarin, Bergkristall, Chrysoberyll, Falkenauge, Heliodor, Malachit, Olivin, Onyx, Saphir, Smaragd, Topas, Ulexit.

B

Bandscheibenbeschwerden: Ägirin, Apatara, Apatit, Aragonit; Augit, Bernstein, Calcit, Dolomit, Fluorit, Gelber Jaspis, Kunzit, Malachit, Pyrit-Sonne.
Bauchschmerzen: Bernstein, Chalcedon-Rosetten, Jaspis, Malachit, Moosachat.
belebend: Almandin, Peridot, Rhodochrosit, Rubin-Zoisit, Vivianit.
Bettnässen: Chrysopras, Citrin.
bindegewebsentschlackend: Bornit, Chrysopras, Heliotrop, Howlith, Mookait, Schneequarz.
bindegewebsfestigend: Amethyst, Ametrin, Apatit, Bergkristall, Dendriten-Achat, Feldspat, Jadeit, Mookait, Sandrose, Schneequarz, Topas, Ulexit, Wollastonit.
blutbildend: Almandin, Chalcedon rosa, Cuprit, Eisenkiesel, Grossular, Hämatit, Magnetit, Pyrit, Rubellit, Rubin, Siderit, Tigereisen.

blutdruckerhöhend: Calcit, Coelestin, Feueropal, Gold-Topas, Halit, Hämatit, Koralle rot, Lapis mit Pyrit, Magnetit, Pietersit, Plagioklas, Proustit, Rhodochrosit, Spinell, Rubin.
blutdruckregulierend: Aurichalcit, Azurit, Halit, Hämatit, Rhodochrosit, Sodalith, Stromatolith, Wolframit.
blutdrucksenkend: Amethyst, Apatit blau, blauer Chalcedon, Chrysokoll, Cordierit, Dumortierit, Lapislazuli ohne Pyrit, Lavendelquarz, Saphir, Sodalith.
Blutergüsse: Amethyst, Blauer Achat, Lavendel-Jade, Rhodonit.
blutungsstillend: Alunit, Gold-Topas, Hämatit, Ilvait, Karneol, Koralle, Mookait, Obsidian Prasem, Purpurit, Rhodonit, Schneeflocken-Obsidian.
blutzuckersenkend: Analcim, Bernstein, Chalcedon blau, Citrin, Hämatit, Karneol, Magnetit, Moosachat, Pink-Opal, Smithsonit, Sphalerit.
Brandwunden: Amethyst, Baryt, Bergkristall, Beryll, Chrysokoll, Indigolith, Mookait, Prasem, Pyrit-Sonne, Rhodochrosit, Rhodonit, Silber.
brechreizlindernd: Chalcedon, Howlith.
Brustschmerz: Chalcedon rosa, Pietersit.

C

cholesterinsenkend: Andesin, Aventurin-Quarz, Chrysoberyll, Diamant, Jadeit, Karneol, Magnesit, Moosachat, Prehnit, Rubin, Xonotlit.

D

Darmkrämpfe: Dolomit, Jaspis, Chrysoberyll, Malachit, Sardonyx, Zirkon.
depressionslösend: Anden-Opal, Chrys-Opal, Citrin, Feueropal, Imperial-Topas.
durchblutungsverbessernd: Anglesit, Aventurin rot, Blut-Achat, Chiastolith, Citrin, Eisenkiesel, Euklas, Feueropal, roter Granat, Heliotrop, Karneol, Kunzit, Lapislazuli, Mahagoni-Obsidian, Okenit, Rhodochrosit, Rhodonit, Rosenquarz, Rubin, Smaragd, Sonnenstein, Spessartin, Tigereisen, Thulit, Tugtupit.
Durchfälle: Amethyst, Dumortierit, Feuer-Achat, Gagat; Moosachat, Serpentin, Smaragd.
durchwärmend: Feueropal, Gold, Purpurit.
Drüsenschwellung: Aquamarin, Bergkristall, Boulder-Opal, Chalcedon, Mondstein.

E

einschlaffördernd: Dumortierit, Purpurit, Rosenquarz.
energiemobilisierend: Apatit, Feueropal, Pink-Opal, Rubin, Schörl, Variscit.
entgiftend: Aktinolith-Quarz, Azurit-Malachit, Bornit, Chalcedon, Chalkopyrit, Chrysopras, Heulandit, Galenit; Jamesonit, Lepidolith, Malachit, Peridot, Prehnit, Smaragd, Variscit.
entzündungshemmend: Achat, Amethyst, Blau-Quarz, Calcit grün, Cavansit, Chrysokoll, Citrin, Dioptas, Euklas, Heliotrop, Herkimer-Diamant, Fuchsit, Grossular, Jamesonit, Lapislazuli, Lavendel-Jade, Mahagoni-Obsidian, Malachit, Peridot, Phenakit, Praseolith, Pyrit, Smaragd, Türkis, Vesuvianit, Zoisit.
epileptische Krampfbereitschaft: Angelit, Coelestin, Dumortierit, Feuer-Achat, Smaragd.
Erkältungsbereitschaft: Aquamarin, Epidot, Heliotrop, Imperial-Topas, Moosachat, Verdelith.
Erschöpfungszustände: Amazonit, Baum-Achat, Bronzit, Chiastolith, Coelestin, Diopsid, Epidot, Feueropal, Hiddenit, Nephrit, Porzellanit, Rhodochrosit, Roter Jaspis, Rubin, Tigereisen, Variscit, Zirkon, Zoisit.

Essstörungen: Antimonit, Danburit, Covellin, Gold, Imperial-Topas.

F

Fersensporn: Ägirin.
fettstoffwechselanregend: Aventurin-Quarz, Bertrandit, Epidot, Magnesit, Prehnit.
fiebersenkend: Aprikosen-Achat, Amethyst, Apatit blau, Bergkristall, Bernstein, Chalcedon, Chrysokoll, Chrysopal, Dumortierit, Jadeit, Jamesonit, Lapislazuli, Moosachat, Prasem, Saphir, Saphir-Quarz, Sodalith, Staurolith, Thomsonit, Türkis, Wismut.
fruchtbarkeitfördernd: Chalcedon, Chrysopras, Jadeit, Malachit, Perle, Rhodonit, Rosenquarz, Rubin-Zoisit, Silber, Thulit.

G

galleanregend: Malachit, Paraiba-Turmalin.
Gallencholik mildernd: Azurit, Magnetit, Saphir.
geburtserleichternd: Amazonit, Biotit-Linse, Chrysokoll, Hyalith, Karneol, Magnesit, Malachit, Perle, Peridot, Sarder, Smithsonit.
gefäßerweiternd: Magnesit, Rosenquarz.
Gehirnentwicklung: Augit, Baryt, Coelestin, Magnesit, Schalenblende.
Gelenkbeschwerden: Apatit, Biotit-Linse, roter Granat, Chalcedon-Rosetten, Citrin, Fluorit, Gagat, Weißer Labradorit, Lepidolith, Pyrit-Sonne, Turmalin-Quarz, Versteinertes Holz.
Geschmacksverlust: Babingtonit, Stilbit.
gewebeentsäuernd: Albit, Andalusit, Biotit, Fuchsit, Heliotrop, Malachit, Porzellanit, Prehnit, Türkis, Variscit, Vivianit, Zitronen-Chrysopras, Zoisit.
gewebekräftigend: Gips, Hermanover Kugeln.
geweberegenerierend: Atacamit, Chromdravit, Coelestin, Hemimorphit, Jaspopal, Nephrit, Pop Rocks, Purpurit, Versteinertes Holz, Wüstenglas.
Geschwüre/Geschwülste: Azurit-Malachit, Charoit, Chalcedon rosa, Ilvait, Magnetit, Leopardenfell-Rhyolith, Richterit, Septarie, Sugilith, Wüstenglas, Xonotlit.
giftausleitend: Antigorit, Antimonit, Baryt, Cavansit, Chrysoberyll, Chrysokoll, Covellin, Creedit, Fuchsit, Galenit, Jadeit, Nephrit, Pyrit, Rhodonit, Schörl, Vanadium-Beryll.
Gleichgewichtsstörungen: Band-Achat, Diamant, Dioptas, Jaspis rotbraun, Magnesit, Onyx, Zirkon.
Gliederschmerzen: Ägirin, Chalcedon, Lapislazuli, Magnesit, Saphir.

H

haarwuchsfördernd: Fluorit, Rutilquarz.
Halsschmerzen: Aquamarin, Bernstein, Chalcedon, Lapislazuli, Pyrit.
Hämorrhoidalbeschwerden: Achat, Bergkristall, Hämatit, Heliotrop, Türkis.
harntreibend: Blauer Chalcedon, Howlith, Indigolith.
Hautausschläge: Alunit, Amethyst, Ametrin, Analcim, Aquamarin, Aventurin, Halit, Lapislazuli, Zirkon.
hautglättend: Biotit, Fluorit, Fuchsit.
hautregenerierend: Adamin, Amazonit, Amethyst, Apophyllit, Aquamarin, Biotit, Fluorit, Fuchsit, Grossular, Hemimorphit, Hermanover Kugel, Jaspis, Lepidolith, Natrolith, Sphen, Türkis, Ulexit, Wollastonit, Zebrastein.
hautreinigend: Amethyst, Hemimorphit, Jaspis, Lepidolith.
Heiserkeit: Bernstein, Chalcedon, Lapislazuli, Sodalith, Pyrit.

Herzbeschwerden: Aventurin, Bustamit, Calcit, Chalcedon, Danburit, Diamant, Enstatit, Heliotrop, Erdbeerquarz, Gold, Hiddenit, Koralle, Magnesit, Manganocalcit, Muskovit, Pink-Opal, Rosenquarz, Rutilquarz, Smaragd, Turmalin, Wollastonit.

herzrhythmusberuhigend: Amazonit, Calcit, rosa Chalcedon, Chyta, Chrysokoll, Heliotrop, Malachit, Manganocalcit, Petalit, Rosaquarz, Rutilquarz, Zebra-Stein.

Hitzschlag: Aventurin, Prasem.

Hornhautentzündung: Diamant.

Hörschwäche: Chalcedon-Rosetten, Onyx, Sardonyx.

hustenreizmildernd: Apophyllit, Aquamarin, Bernstein, Borax, Chalcedon, Fluorit, Goethit-Quarz, Koralle, Moosachat, Rutilquarz.

I

immunstärkend: Ametrin, Apatit gelb, Aquamarin, Aztekenstein, Beryll, Charoit, Chrysokoll, Citrin, Epidot, Erdbeerquarz, Heliotrop, Lazulith, Peridot, Praseolith, Rhyolith, Smithsonit, Sphärolithischer Chalcedon, Sphen, Türkis, Unakit.

Inkontinenz: Citrin, Heliotrop, Nephrit, Prehnit, Zoisit.

Insektenstiche: Amethyst, Bergkristall, Chrysopras, Halit, Heliotrop, Lapislazuli, Prasem, Rhodonit, Silberaugen-Serpentin.

J

juckreizmildernd: Analcim, Antimonit, Aventurin, Bergkristall, Bernstein, Calcit, Chalcedon, Fuchsit, Lace-Achat, Lapislazuli, Lepidolith, Saphir, Schalenblende.

K

Kälteempfindlichkeit: Baryt, Citrin, Labradorit, Purpurit, Pyromorphit, Rubin.

Karies: Apatit, Fluorit.

Kniebeschwerden/-schmerzen: Apatit, Aragonit, Biotit-Linse, Diamant, Pyrit-Sonne, Rubellit.

knochenaufbauend: Apatara Apatit blau, Aragonit, Calcit, Chrom-Chalcedon, Coelestin, Fluorit, Magnetit.

knochenstabilisierend: Apatara, Apatit, Aragonit, Bronzit, Fluorit, Larimar, Limonit, Marmor, Melanit, Orthoklas, Sandrose, Tigerauge, Türkis.

knorpelneubildend: Apatara, Apatit, Wüstenglas.

konzentrationsfördernd: Amethyst, Azurit, Chalcedon, Citrin, Diamant, Fluorit, Heliotrop, Koralle, Mahagoni-Obsidian, Malachit, Saphir.

Kopfschmerzen: Achat, Amethyst, Bergkristall, Dioptas, Jadeit, Koralle, Lapislazuli, Pietersit, Rubin, Saphir, Smaragd, Topas.

Krampfaderbeschwerden: Bergkristall, Chrom-Chalcedon, Citrin, Cordierit, Dumortierit, Heliotrop, Jadeit, Koralle, Lace-Achat, Lapislazuli, Malachit, Perle, Rhodochrosit, Rubin, Schicht-Achat.

krampflösend: Azurit-Malachit, Biotit, Bornit, Bronzit, Chalkanthit, Charoit, Chrysokoll, Chrysopras, Cordierit, Dioptas, Dolomit, Euklas, Gips, Gwindel-Quarz, Kupfer, Magnesit, Magnetit, Malachit, Pyrit-Sonne, Rauchquarz, Silberauge-Srpentin, Smaragd, Türkis, Unakit, Variscit, Zirkon.

Krebs-Nachbehandlung: Albit, Covellin, Lapislazuli, Magnetit, Mookait violett, Richterit, Sugilith.

kreislaufanregend: Almandin, Altait, Aventurin rot, Dravit, Gold, Halit, Hämatit, Jaspis rot, Karneol, Koralle, Magnetit, Pyrop, Rhodochrosit, Rhodolith, Rubin, Skolezit, Stern-Rubin, Tigereisen.

kreislaufstabilisierend: Cordierit, Dolomit, Erdbeerquarz, Labradorit, Malachit, Psilomelan, Pyrolusit, Pyrop, Sternrubin, Türkis, Wollastonit.

L

Lähmungserscheinungen: Andalusit, Chiastolith, Diamant, Tansanit, Wassermelonen-Turmalin.
leberanregend: Aktinolith, Azurit, Azurit-Malachit, Chrysoberyll, Chrysokoll, Dioptas, Epidot, Jaspis, Kupfer, Markasit, Paraiba-Turmalin, Praseolith, Pyrit, Smaragd, Vanadium-Beryll, Vivianit.
leistungssteigernd: Almandin, Aztekenstein, Epidot, Strontianit, Tigereisen.
lymphflussanregend: Anden-Opal, Boulder-Opal, Chalcedon, Flint, Girasol-Quarz, Heliotrop, Koralle weiß, Magnesit, Mondstein, Moosachat, Opal, Sugilith.
lymphknotenabschwellend: Aquamarin, Baryt, Chalcedon blau, Girasol-Quarz, Jaspis, Jadeit, Moosachat, Weißer Topas.

M

Magen-Darm-Schmerzen: Ägirin-Augit Antimonit, Bernstein, Calcit, Chalcedon-Rosetten, Chrysokoll, Dolomit, Gagat, Heliotrop, Hypersthen, Jadeit, Jaspis, Pyrit, Rhodochrosit, Sardonyx, Smaragd.
magensäureanregend: Covellin.
Magenübersäuerung: Biotit, Chrysoberyll, Diaspor, Dolomit, Onyx, Magnesit, Rubin, Smaragd, Türkis, Variscit.
Meniskusbeschwerden/-schmerzen: Calcit grün, Chyta, Diamant, Kupfer, Jadeit, Malachit, Mondstein, Roter Jaspis, Serpentin, Türkis, Zirkon.
migränelösend: Analcim, Dioptas, Magnesit, Rubin, Rhodochrosit, Serpentin.
milchbildungsanregend: Chalcedon blau, Girasol-Quarz, Mondstein, Moosachat, Rosenquarz.
Milzschwellung: Aquamarin, Hyazinth, Mookait, Onyx, Rubin, Topas.
Müdigkeit: Apatit, Bergkristall, Coelestin, Feueropal, roter Granat, Moqui Marbles, Porzellanit, Rhodochrosit, Rubin, Tigereisen, Variscit.
Muskelkater: Calcit rosa, Dolomit rot, Hämatit, Moosachat, Nebelquarz, Pyrit, Rhodonit, Zitronen-Chrysopras.
muskelkräftigend: Apatit, Aragonit, Bertrandit, Coelestin, Rhodonit, Versteinertes Holz.
Muskelkrämpfe: Bronzit, Diopsid, Dolomit, Magnesit, Malachit, Rauch-Obsidian.
Muskelschmerzen: Ägirin, Bronzit, Malachit, Rhodonit.
muskelentspannend: Ägirin, Amazonit, Bronzit, Coelestin, Danburit, Dolomit, Euklas, Hermanover Kugeln, Kunzit, Leopardenfell-Rhyolith, Magnesit, Malachit, Orthoklas, Rauchquarz, Rhodonit, Turmalin-Quarz.

N

Nägel, brüchige: Abalone, Aragonit, Calcit weiß, Karneol, Rhodochrosit.
Narbenbildung vermeidend: Ägirin, Bergkristall, Chrysokoll, Prasem, Rhodonit, Wassermelonen-Turmalin.
narbenentstörend: Ägirin, Bergkristall-Doppelender, Dolomit, Eisenkiesel, Rauchquarz, Schörl, Sugilith.
Nasenbluten: Karneol, Rhodonit.
nervenberuhigend: Aragonit, Ametrin, Blau-Quarz, Charoit, Chrysokoll, Citrin, Cordierit, Diaspor, Fuchsit, Gips, Lazulith, Meteorite, Muskovit, Orthoklas, Porphyrit, Porzellanit, Rauchquarz, Saphir-Quarz, Variscit, Versteinertes Holz, Zitronen-Chrysopras, Zoisit.
Nervenschmerzen: Kunzit, Lavendeljade, Lepidolith, Sugilith.
nervenstärkend: Amazonit, Bronzit, Chromdiopsid, Citrin, Diopsid, Gold, Labradorit, Lazulith, Periklas, Porphyrit, Rauchquarz, Saphir, Thulit.
Netzhautablösung: Augen-Achat.

O

ödemeabbauend: Anhydrit, Aquamarin, Chalcedon, Dumortierit, Jadeit weiß, Mondstein, Prehnit, Rosenquarz, Richterit, Sugilith.
Ohrenschmerzen: Bergkristall, Chalcedon-Rosette, roter Granat, Heliotrop, Rhodonit, Schörl, Thulit, Türkis.

P

potenzsteigernd: Aventurin rot, Citrin, Feueropal, Magnetit, Pyrop, Rhodochrosit, Röhren-Achat, Rubin, Rubin-Zoisit, Thulit.
Prellungen: Amazonit, Amethyst, Karneol, Malachit, Prasem, Purpurit, Rhodonit.

Q

Quetschungen: Prasem, Rhodonit.

R

reflexbeschleunigend: Azurit, Bergkristall, Dalmatinerstein, Diopsid, Eudialith.
Rekonvaleszenz: Amazonit, Ametrin, Chiastolith, Coelestin, Dalmatinerstein, Dioptas, Epidot, Gaspeit, Hämatit, Krokoit, Purpurit, Pyrit, Tsavorit, Zoisit.
Rückenschmerzen: Ägirin, Augit, Bernstein, Melanit, Pyrit-Sonne, Rauchquarz, Skapolith, Streifen-Achat, Türkis.

S

schilddrüsenanregend: Aquamarin, Azurit, Koralle.
schilddrüsenhormonregulierend: Aquamarin, Babingtonit, Blau-Topas, Grossular, Hessonit, Jadeit, Kunzit, Lapislazuli, Mondstein, Richterit, Saphir, Sardonyx, Silber, Spinell, Türkis.
schlaffördernd: Achat, Amazonit, Amethyst, Analcim, Andalusit, Aventurin, Cerussit, Chalcedon, Chrysopras, Coelestin, Gips, Gold-Topas, Halit, Jadeit, Labradorit, Lepidolith, Opalith, Rhyolith, Rhodochrosit, Rosenquarz, Smaragd, Zirkon.
Schlaganfall vorbeugend: Diamant, Lapislazuli, Tansanit.
schleimhautregenerierend: Apophyllit, Bernstein, Flint, Fluorit, Grossular, Opal, Tsavorit.
schleimlösend: Amethyst, Chalcedon, Mookait, Moosachat, Opal, Psilomelan, Zirkon.
Schluckbeschwerden: Disthen, Lapislazuli.
schmerzlindernd: Ägirin, Amethyst, Aventurin-Quarz, Blau-Quarz, Cavansit, Charoit, Cordierit, Eudialyt, Gips, Kunzit, Lepidolith, Malachit, Pyrit-Sonne, Rauchquarz, Regenbogen-Obsidian, Schörl, Smaragd, Sugilith, Zirkon.
Schnittwunden: Coelestin, Hämatit, Magnetit, Mookait, Obsidian, Rhodonit.
schocklösend: Diamant, Obsidian; Rhodonit.
Schwangerschaftsbeschwerden: Achat, Biotit-Linse, Dolomit, Jadeit, Malachit.
Schwangerschaftsschutz: Achat, Bornit, Malachit.
Schwächezustände: Andalusit, Chiastolith, Diamant, Leucit, Schneequarz, Smaragd, Thulit, Tigereisen, Variscit.
schweißunterdrückend: Calcit grün, Dendriten-Chalcedon, Magnetit.
schwellungsabbauend: Antimonit, Apatit, Bornit, Jadeit.
Schwerhörigkeit: Azurit, Blau-Topas, Chalcedon, Lapislazuli, Rhodonit, Sarder, Richterit, Topas, Tsavorit.
Schwindel: Bergkristall, Lapislazuli, Plagioklas, Sarder, Smaragd, Spinell, Zirkon.
sehkraftstärkend: Amblygonit, Aquamarin, Bergkristall, Chrysoberyll, Dioptas, Disthen, Falkenauge, Kupfer, Lapislazuli, Onyx,

Orthoklas, Petalit, Peridot, Prasem, Rubin, Skapolith, Smaragd, Topas, Zirkon.

Sehnenschmerzen: Ägirin, Kunzit.

sexuell stimulierend: Almandin, Brookit, Feueropal, Gold, Jaspis, Krokoit, Purpurit, Pyrop, Rubin, Spessartin, Thulit.

Sodbrennen: Chyta, Diaspor, Magnesit, Serpentin, Türkis.

Sonnenbrand: Amethyst, Aquamarin, Aventurin, Baryt, Bergkristall, Dumortierit, Fuchsit, Hemimorphit, Lapislazuli, Lazulith, Magnetit, Prasem, Sphalerit.

Sonnenstich: Aventurin, Prasem, Rauchquarz.

Sprachstörungen: Blau-Topas, Chalcedon, Heulandit.

Stimmverlust: Chalcedon, Lapislazuli, Sodalith.

stoffwechselanregend: Biotit, Calcit, Citrin, Fluorit, roter Jaspis, Karneol, Koralle, Peridot, Porzellanit, Prehnit, Rubellit, Rubin, Sardonyx, Schneequarz, Stromatolith, Topas gelb, Turmalin gelb, Variscit, Versteinertes Holz.

Strahlenschäden neutralisierend: Baryt, Malachit, Prasem, Rauchquarz, Schalenblende, Schörl.

Suchtentwöhnung: Amethyst, Antimonit, Dumortierit, Topazolith, Zirkon.

T

Taubheitsgefühl: Bergkristall, Cordierit, roter Granat, Rubellit, Spinell, Wassermelonen-Turmalin.

temperaturerhöhend: Rubin, Sarder, Uwarowit.

thrombosevermindernd: Magnesit, Rhodonit, Rosenquarz.

tumorverkleinernd: Azurit-Malachit, Covellin, Magnetit, Mookait violett, Richterit, Sugilith.

U

Übelkeit: Antimonit, Calcit, Diaspor, Dumortierit, Hermanover Kugeln, Howlith, Jadeit, Malachit, Phlogopit, Ulexit.

Unfruchtbarkeit: Perle, Rubin-Zoisit, Scheelit.

Unruhezustände: Aragonit, Prasem, Variscit.

urinausscheidend: Analcim, Anhydrit, Baumachat, Bertrandit, Cordierit, Halit, Indigolith, Jadeit, Koralle blau, Nephrit, Prehnit, Serpentin, Uwarowit.

V

venenentstauend: Albit, Babingtonit, Galenit.

venenwandstärkend: Alexandrit, Benitoit, Rutil, Saphir, Smithsonit.

Verbrennungen: Aventurin-Quarz, Bergkristall, Chrysokoll, Hemimorphit, Rhodonit.

verdauungsregulierend: Antimonit, Aragonit braun, Astrophyllit, Citrin, Diaspor, Jaspis rotbraun, Lepidolith, Mookait, Moosachat, Pyrit, Saphir, Rubin, Tigerauge, Turmalinquarz, Unakit.

verspannungslösend: Ägirin, Amazonit, Amethyst, Apatit, Bergkristall, Chrysokoll, Hypersthen, Labradorit weiß, Magnetit, Meteorit, Obsidian, Rauch-Obsidian, Saphir-Quarz, Smaragd, Topas.

Verstauchungen: Amazonit, Dumortierit, Malachit, Obsidian, Rhodonit, Sphen.

vitalitätsaktivierend: Ametrin, Citrin, Eudialith, Feueropal, gelber Fluorit, Hämatit, Rosaquarz, Sphärolithischer Chalcedon, Tigereisen, Vivianit.

W

wachstumsfördernd: Apatit, Azurit, Calcit, Chrysokoll, Heulandit, Larimar, Mondstein, Sphen, Topas.

Wadenkrämpfe: Heliotrop, Magnesit.
wehentreibend: Biotit, Malachit, Sarder.
Wetterfühligkeit: Chalcedon, Citrin, Labradorit, Magnetit, Mondstein, Onyx, Perle, versteinertes Holz.
Wirbelsäulenbeschwerden: Ägirin, Apatit, Calcit, Diamant, Hiddenit, Koralle, Melanit, Mimetesit, Orthoklas.
wundheilungsfördernd: Antimonit, Coelestin, Karneol, Mookait, Obsidian, Pyrolusit, Rhodochrosit, Rhodonit, Smithsonit, Vanadinit, Wismut.

Z

zahnfleischfestigend: Aragonit, Diopsid, Gagat, Rhodonit, Sphen.
zahnschmelzhärtend: Apatit, Calcit, Fluorapatit, Fluorit, Orthoklas, Sphen, Vesuvian.
Zahnschmerzen: Kunzit, Sphen, Sugilith.
zahnungserleichternd: Bernstein, Chalcedon, Gagat.
zellstoffwechselregenerierend: Achat, Akanthit, Ametrin, Azurit, Bornit, Covellin, Creedit, Jadeit, Petalit, Rutil, Saphir, Sphärolithischer Chalcedon.
Zerrungen: Ägirin, Amazonit, Amethyst, Magnesit, Obsidian, Rhodonit.

Seelische Symptome

A

Abenteuerlust: Chrys-Opal, Malachit, Mookait, Opal, Thulit, Rhodochrosit, Vivianit.

Abgespanntheit: Amethyst, Bergkristall, Chloromelanit, Chrysopras, Danburit, Gaspeit, Halit, Heliotrop, Larimar, Lepidolith, Moosachat, Moqui Marbles, Obsidian, Prehnit, Rhyolith, Rubin, Sphärolithischer Chalcedon, Zoisit.

Abgrenzungsschwierigkeit: Ägirin, Biotit, Bronzit, Chalcedon, Fuchsit, Gips, Heliotrop, Jade, Lepidolith, Nephrit, Onyx, Prasem, Serpentin, Türkis, Turmalin, Versteinertes Holz.

Ablenkung vermeiden: Achat, Bronzit, Cavansit, Diaspor, Gips, Lepidolith, Kalkoolith, Pietersit, Purpurit, Saphir, Sugilith, Turmalin, Zirkon.

Abwechslung und Vergnügen: Alexandrit, Apatit, Bronzit, Citrin, Cordierit, Heliotrop, Jadeit, Jaspis, Mookait, Opal, Pietersit, Rhodochrosit, Rubin-Zoisit, Turmalin.

Abwertung: Andesin, Biotit, Covellin, Epidot, Muskovit, Zoisit.

Aggression verstärkend: Chalcedon rot, Eisenkiesel, Eudialyt, Granat, Lava, Malachit, Pyrit, Realgar, Rubin, Schwefel, Spinell, Strontianit, Thulit.

Aggression abschwächend: Achat, Apatit, Apophyllit, Beryll, Chalcedon, Chrysokoll, Heliotrop, Hemimorphit, Moosachat, Moqui Marbles, Nephrit, Rosenquarz, Serpentin, Silber, Stilbit, Stromatolith, Türkis, Zeolith.

Aktivität steigern: Ametrin, Citrin, Eudialyt, Hämatit, Hypersthen, Jadeit, Jaspis, Mookait, Rhodochrosit, Rubin, Smaragd, Stromatolith, Topas, Türkis, Vivianit.

Aktivität reduzieren: Achat, Anhydrit, Apophyllit, Coelestin, Gips, Mookait, Zeolith.

Alltagsbewältigung: Amazonit, Ametrin, Andalusit, Bernstein, Bornit, Calcit, Citrin, Diaspor, Dolomit, Dumortierit, Feldspat, Gagat, Granat, Hämatit, Hermanover Kugel, Hiddenit, Ilmenit, Jaspis, Karneol, Moqui Marbles, Orthoklas, Rauchquarz, Sonnenstein, Versteinertes Holz.

albtraumlösend: Achat, Amethyst, Chalcedon, Chrysoberyll, Chrysopras, Halit, Heliotrop, Jade, Jaspis, Karneol, Malachit, Nephrit, Perle, Rauchquarz, Rutil, Türkis, Turmalin, Zirkon.

Anfeindungen: Biotit, Chalcedon, Granat, Muskovit, Nephrit, Obsidian, Rauchquarz, Rubin, Türkis, Turmalin.

angstlösend: Amethyst, Apophyllit, Augit, Aventurin, Beryll, Cavansit, Cerussit, Charoit, Chiastolith, Chrysoberyll, Chrysokoll, Coelestin, Diamant, Dumortierit, Eudialyt, Feldspat, Fluorit, Gold, Granat, Halit, Jaspis, Jadeit, Karneol, Koralle, Kunzit, Labradorit, Larimar, Lepidolith, Magnesit, Magnetit, Moldavit, Moosachat, Obsidian, Onyx, Opal, Purpurit, Rhodonit, Rubin, Rutil, Saphir, Schalenblende, Sodalith, Sphalerit, Spinell, Sugilith, Tansanit, Türkis, Turmalin, Vesuvian, Zirkon.

Anpassungsfähigkeit: Andalusit, Biotit, Chrysokoll, Chrysoberyll, Fuchsit, Gips, Mookait, Moosachat, Sepiolith, Stromatolith, Zoisit.

Anregung, geistige: Amethyst, Danburit, Fluorit, Jaspis, Mookait, Lazulith, Purpurit, Rutil, Smaragd, Sphen, Turmalin.

Anstrengung bewältigen: Antimonit, Coelestin, Granat, Hämatit, Hiddenit, Jaspis, Karneol, Rauchquarz, Rhyolith, Rosenquarz, Sarder, Sphalerit, Zirkon.

Apathie: Apatit, Diopsid, Dioptas, Hiddenit, Jade, Magnetit, Nephrit, Rhodochrosit, Topas, Türkis, Spinell, Tansanit.

Ärger: Apatit, Aventurin, Bergkristall, Blauquarz, Chrysokoll, Jaspis, Lapislazuli, Lazulith, Lepidolith, Malachit, Peridot, Rhodonit, Tigerauge, Vesuvian.

Ästhetik: Chrysopras, Chalcedon, Dioptas, Jadeit, Kupfer, Malachit, Rosenquarz, Smaragd, Sonnenstein, Turmalin.

Auffassungsvermögen: Amethyst, Bergkristall, Chalcedon, Feueropal, Fluorit, Hiddenit.

Aufgeschlossenheit/Offenheit: Azurit, Bernstein, Beryll, Cavansit, Chalcedon, Chalkopyrit, Erdbeerquarz, Feldspat, Halit, Jaspis, Kunzit, Labradorit, Larimar, Moldavit, Mookait, Mondstein, Rosenquarz, Rutil, Sodalith, Turmalin.

Aufrichtigkeit/Authentizität: Apophyllit, Bergkristall, Chrysoberyll, Diamant, Feueropal, Malachit, Skapolith, Sodalith, Sphen, Sugilith, Turmalin, Vesuvian.

Ausgeglichenheit: Aventurin, Bernstein, Charoit, Chrysokoll, Diopsid, Dolomit, Halit, Hiddenit, Jadeit, Jaspis, Koralle, Kupfer, Malachit, Mookait, Mondstein, Nephrit, Perle, Rauchquarz, Rosenquarz, Rubin, Serpentin, Sodalith, Stromatolith, Türkis, Variscit, Versteinertes Holz.

Ausrichtung klären/festlegen: Beryll, Feldspat, Orthoklas, Granat, Halit, Smaragd, Sugilith.

Authentizität: Apophyllit, Malachit, Diamant, Sodalith, Variscit.

Automatismen: Apophyllit, Chiastolith, Chrysokoll, Gips, Granat, Lapislazuli, Mimetesit, Obsidian, Zeolith, Zirkon.

Autorität stärken: Ametrin, Chrysoberyll, Granat, Rauchquarz, Rubin, Topas.

B

Bedürfnisse erfüllen: Amulettstein, Astrophyllit, Chrysokoll, Girasol, Granat, Jadeit, Moqui Marbles, Rhodochrosit, Rosenquarz, Rubin, Rubin-Zoisit.

beenden von offenen Zyklen: Beryll, Hornblende, Peridot, Prehnit, Purpurit.

Begeisterung: Beryll, Eisenkiesel, Feueropal, Mondstein, Petalit, Rhodochrosit, Spinell, Variscit, Vivianit.

Beklemmung: Alunit, Apophyllit, Chrysoberyll, Goethit-Quarz, Lava, Lapislazuli, Orthoklas, Rhodochrosit, Zeolith, Zirkon.

Bescheidenheit: Achat, Apophyllit, Erdbeerquarz, Hemimorphit, Kunzit, Saphirquarz, Silber, Zeolith.

Besessenheit: Alunit, Halit, Jadeit, Zirkon.

Besinnlichkeit: Achat, Beryll, Blauquarz, Labradorit, Rosenquarz, Serpentin.

Besonnenheit: Achat, Aventurin, Bergkristall, Charoit, Eisenkiesel, Jaspis, Halit, Hiddenit, Moqui Marbles, Rauchquarz, Richterit, Rutil, Saphir, Saphirquarz, Sarder, Septarie, Serpentin, Siderit, Zoisit.

Bettnässen: Amethyst, Chrysopras, Citrin.

Beziehungen verbessern: Beryll, Chalcedon, Cuprit, Danburit, Feueropal, Hornblende, Karneol, Malachit, Petalit, Purpurit, Rhodochrosit, Rosenquarz, Silber, Smaragd, Sodalith, Sonnenstein, Vivianit, Wollastonit, Zeolith.

Blockaden: Ägirin, Amazonit, Augit, Azurit-Malachit, Bergkristall, Granat, Halit, Labradorit, Moldavit, Pyrit, Rauchquarz, Rhodonit, Sodalith, Turmalin, Vesuvian.

Bodenständigkeit: Bernstein, Citrin, Dolomit, Granat, Karneol, Jaspis, Rhodonit, Saphirquarz, Sarder, Septarie, Versteinertes Holz, Zebrastein.

C

charakterbildend: Ägirin, Diamant, Gagat, Granat, Limonit, Pyrit, Rauchquarz, Rubin, Rutil, Saphir, Smaragd, Sphen, Turmalin, Zirkon.

Charisma: Andalusit, Citrin, Hemimorphit, Rhodochrosit, Rubin, Topas, Turmalin, Zirkon.

Charme: Chalcedon, Kupfer, Mondstein, Opal, Rhodochrosit, Rosenquarz, Turmalin

D

Denken, assoziativ/bildhaft: Achat, Moldavit, Opal, Porzellanit, Psilomelan.

Denken, klares: Albit, Amethyst, Bergkristall, Beryll, Magnesit, Psilomelan, Rutil, Zirkon.

Denken, analytisch: Antimonit, Azurit, Bergkristall, Chiastolith, Diopsid, Disthen, Howlith, Onyx, Rauchquarz, Saphir, Sardonyx, Variscit.

Denken, systematisch/strukturiert: Kassiterit, Chalkopyrit, Diopsid, Schalenblende, Spinell.

depressionslösend: Achat Amazonit, Amethyst, Ametrin, Apophyllit, Astrophyllith, Bernstein, Beryll, Biotit, Bornit, Citrin, Coelestin, Diopsid, Dioptas, Dumortierit, Feueropal, Gagat, Gold, Granat, Halit, Hiddenit, Jadeit, Lapislazuli, Lazulith, Nephrit, Obsidian, Opal, Orthoklas, Peridot, Purpurit, Rauchquarz, Rosenquarz, Rubin, Rutil, Saphir, Sardonyx, Sonnenstein, Spinell, Topas, Türkis, Turmalin, Variscit, Vivianit, Zeolith.

Destruktivität: Cavansit, Gold, Zirkon, Zoisit.

Disziplin: Chrysoberyll, Citrin, Diamant, Diaspor, Fluorit, Galenit, Gips, Heliotrop, Howlith, Lapislazuli, Lepidolith, Meteoreisen, Onyx, Prasem, Rauchquarz, Saphir, Sardonyx, Sphalerit, Sugilith.

Direktheit: Azurit-Malachit, Charoit, Diamant, Eudialith, Feueropal, Larimar, Lava, Malachit, Rhodochrosit.

Durchschauen: Diaspor, Falkenauge, Labradorit, Saphir, Tigerauge, Turmalin.

Durchsetzung: Beryll, Citrin, Granat, Hämatit, Jadeit, Jaspis, Lapislazuli, Onyx, Rubin, Thulit, Topas, Türkis.

E

Effizienz: Beryll, Chrysoberyll, Rauchquarz, Saphir.

Egoismus: Apophyllit, Hemimorphit, Koralle, Karneol, Onyx, Pyrit, Rubin, Zeolith.

Ehrgeiz: Beryll, Covellin, Euklas, Pyrit, Schwefel.

Elektro-Smog, Geopathologie: Baryt, Halit, Rauchquarz, Rosenquarz, Tektit, Turmalin, Zapfensand.

Einfühlungsvermögen: Amazonit, Chrysopras, Danburit, Flint, Kunzit, Jadeit, Labradorit, Malachit, Moldavit, Mondstein, Purpurit.

Einsamkeit: Chalcedon, Gold, Halit, Lepidolith, Opal, Rosenquarz.

Einschränkung: Kassiterit, Charoit, Chrysoberyll, Danburit, Heulandit, Pop-Rocks, Rauchquarz, Skapolith, Spinell.

Eitelkeit: Apophyllit, Gold, Hemimorphit, Scheelit, Zirkon.

Ekelgefühle, Abscheu: Epidot, Moosachat, Zirkon.

Emotionalität: Chrysokoll, Eudialyt, Feldspat, Granat, Mondstein, Prasem.

Emotionen, negative: Azurit-Malachit, Halit, Jade, Magnesit, Malachit, Peridot, Pyrit, Schwefel.

Empfindungen bewusst machen, integrieren: Amazonit, Chrysokoll, Cuprit, Dioptas, Falkenauge, Labradorit, Malachit, Mondstein, Prehnit, Rosenquarz, Turmalin.

Entschlossenheit: Amethyst, Chalcedon, Charoit, Citrin, Diamant, Eudialyt, Falkenauge, Fluorit, Fuchsit, Goethit-Quarz, Granat, Hämatit, Magnetit, Meteoreisen, Rubin, Tigereisen.

Enttäuschung ausgleichend: Apatit, Magnesit, Malachit, Septarie, Türkis.

Entwicklung, Wachstum fördern: Apatit, Aragonit, Bergkristall, Calcit, Rosenquarz, Strontianit, Variscit.

Erfolg: Ametrin, Citrin, Feueropal, Gold, Granat, Moldavit, Rhodochrosit, Rubin, Topas, Sonnenstein, Tigereisen, Topas, Türkis.

Erholung: Chalcedon, Diopsid, Heliotrop, Moosachat, Rhyolith, Sphärolithischer

F

G

Genialität: Alexandrit, Bergkristall, Cavansit, Chrysoberyll, Turmalin.
Genussfähigkeit: Astrophyllith, Atacamit, Feueropal, Kupfer, Jaspis, Karneol, Moqui Marbles, Rhyolith, Rosenquarz, Sphärolithischer Chalcedon.
Gerechtigkeitssinn: Amethyst, Diamant, Dioptas, Kupfer, Malachit, Rosenquarz.
Gesundungswille: Chrysopras, Diopsid, Dioptas, Kupfer, Larimar, Peridot, Rosenquarz, Smaragd.
Gewissensprobleme: Apophyllit, Diamant, Howlith, Zirkon.
Gewohnheiten, unbewusste: Apophyllit, Chalcedon, Malachit, Moosachat, Vesuvian.
Glück: Dioptas, Kupfer, Naturglas, Rosenquarz, Sonnenstein.
Größe, geistige: Kassiterit, Erdbeerquarz, Phenakit, Saphir, Siderit, Smaragd, Sphen, Topas.
Grübeln: Aventurin, Diaspor, Hermanover Kugeln, Halit, Labradorit, Nephrit, Praseolith, Rauchquarz, Variscit.
Gruppenzwang befreiend: Ägirin, Apophyllit, Karneol, Moqui Marbles, Rubin, Rutil, Turmalin.

H

Harmonisierung Ruhe/Aktivität: Hypersthen, Mookait.
Harmonisierung männl. weibl. Seite: Creedit, Jadeit.
Heimweh: Beryll, Chrysopras, Rosenquarz.
Helfersyndrom: Apophyllit, Granat.
Heiterkeit: Alexandrit, Astrophyllith, Chrysoberyll, Lapislazuli, Moldavit, Mookait.
Hellsichtigkeit: Labradorit, Moldavit, Mondstein, Obsidian.
Herzlichkeit: Chalcedon, Cuprit, Erdbeerquarz, Opal, Rhodochrosit, Rhodonit, Rosenquarz.
Hingabe: Hiddenit, Kunzit, Orthoklas, Petalit, Psilomelan, Rhodochrosit, Siderit, Silber, Zeolith.
Hoffnungslosigkeit: Alunit, Bronzit, Chrysoberyll, Chrysopras, Galenit, Granat, Moosachat, Tansanit, Vanadinit.
Horizont erweitern: Cavansit, Chalkopyrit, Feldspat, Fluorit, Larimar, Lapislazuli, Moldavit, Obsidian, Sodalith, Sphen.
Humor: Chalcedon, Fluorit, Opal, Turmalin.
Hyperaktivität: Anhydrit, Chiastolith, Gips, Lepidolith, Saphir.

I

Ideale leben: Antimonit, Beryll, Granat, Kunzit, Hiddenit, Jadeit, Lazulith, Magnetit, Nephrit, Saphir, Smaragd, Sodalith, Sphalerit, Sphen, Tansanit, Topas.
Illusionen auflösen: Amethyst, Chiastolith, Hämatit, Labradorit, Feldspat, Pyrit, Rauchquarz, Saphir, Sphalerit, Staurolith, Sugilith.
Instinkt: Bergkristall, Diamant, Disthen, Falkenauge, Eudialyt, Feueropal, Pietersit, Porphyrit, Rauchquarz, Rhodonit, Rhyolith, Richterit, Vesuvian, Zirkon.
Intelligenz: Cavansit, Chrysoberyll, Disthen, Falkenauge, Hiddenit, Jaspis, Rauchquarz, Saphir.
Interesse wecken: Aragonit, Azurit-Malachit, Chalcedon, Danburit, Fluorit, Jaspis, Mookait, Mondstein, Opal, Opalith, Rhodochrosit, Variscit, Vivianit, Zirkon.
Intuition: Akanthit, Amazonit, Amethyst, Antigorit, Apophyllit, Azurit, Bergkristall mit Rutil, Cavansit, Chrysoberyll, Disthen, Falkenauge, Fluorit, Kunzit, Konichalcit, Krokoit, Labradorit, Meteoreisen, Mondstein, Obsidian, Perle, Praseolith, Tigerauge, Turmalin, Zeolith.
Irrationalität/Chaos: Mondstein, Moldavit, Periklas, Sugilith.

K

Kompromisse: Diamant, Eudialyt, Dumortierit, Fuchsit, Heulandit, Hypersthen, Lapislazuli, Stromatolith, Strontianit, Sugilith, Wollastonit, Zoisit.
Konsequenz: Beryll, Chiastolith, Diamant, Eudialyt, Granat, Hornblende, Onyx, Rubin, Saphir, Sodalith, Sugilith.
Konservativ: Blauquarz, Bronzit, Diamant, Saphirquarz, Sarder, Sodalith, Versteinertes Holz.
Kontrollzwang: Apophyllit, Danburit, Diamant, Fluorit, Vesuvian, Zeolith.
Konzentrationsstörungen: Amethyst, Ametrin, Apatit, Aragonit, Azurit, Cavansit, Chalcedon, Charoit, Chrysoberyll, Cinnabarit, Diamant, Dumortierit, Fluorit, Halit, Heliotrop, Karneol, Magnesit, Onyx, Purpurit, Rauchquarz, Saphir, Tigerauge, Turmalin, Zirkon.
Koordination: Bergkristall, Disthen, Hiddenit, Jaspis, Mookait, Moqui Marbles, Rhyolith, Saphir, Tugtupit, Turmalin, Wollastonit.
Kraftquellen erschliessen: Apatit, Brasilianit, Diopsid, Eudialyt, Moqui Marbles, Perle, Variscit, Vivianit.
Krankheitshintergrund erkennen: Bergkristall, Cerussit, Chalkopyrit, Diamant, Pop-Rocks, Pyrit, Sugilith, Zeolith.
Kreativität: Achat, Ametrin, Antimonit, Bernstein, Beryll, Cavansit, Chalkopyrit, Citrin, Diaspor, Eisenkiesel, Hämatitquarz, Feueropal, Flint, Gips, Kunzit, Karneol, Labradorit, Larimar, Malachit, Porzellanit, Rhodochrosit, Silber, Smaragd, Thulit, Tigereisen, Turmalin, Variscit, Vesuvian, Zoisit.
Krisen, emotionale: Akanthit, Anhydrit, Baryt, Bergkristall, Chrysoberyll, Citrin, Diamant, Muskovit, Pietersit, Pyrit, Rauchquarz, Sphalerit, Skapolith, Strontianit, Tansanit, Zirkon.
Kritik üben/annehmen: Bergkristall, Hornblende, Hypersthen, Lapislazuli, Pyrit, Rauchquarz, Rhodonit, Saphir, Turmalin, Zirkon.
Kummer: Achat, Amazonit, Amethyst, Baryt, Chalcedon, Chrysopras, Citrin, Dumortierit, Gagat, Halit, Magnetit, Moosachat, Muskovit, Nephrit, Opal, Smithsonit, Tugtupit.

L

Langeweile: Hiddenit, Kunzit, Pietersit, Rubin, Staurolith, Stromatolith, Sonnenstein, Thulit, Vivianit.
Lateral-Ausgleich: Bergkristall, Beryll, Chiastolith, Diamant, Disthen, Hiddenit, Kunzit, Rosenquarz, Tigerauge, Turmalin.
Lebensfreude: Bornit, Citrin, Diopsid, Dioptas, Gold, Hämatit, Jadeit, Karneol, Koralle, Opal, Rhodochrosit, Rutil, Sonnenstein.
Lebensqualität: Gold, Hämatit, Kupfer, Moqui Marbles, Peridot, Rubin, Versteinertes Holz.
Lebenswillen erwecken: Bergkristall, Chrysoberyll, Gold, Granat, Hämatit, Hermanover Kugel, Larimar, Meteoreisen, Rubin, Sugilith, Tansanit, Zirkon.
Lebensziel: Brasilianit, Chiastolith, Enstatit, Meteorit, Siderit, Tansanit, Sphen, Sugilith.
Leichtigkeit: Bernstein, Beryll, Dolomit, Dumortierit, Feldspat, Gagat, Girasol, Kunzit, Lapislazuli, Moldavit, Moosachat, Naturglas, Opalith, Opal, Rhodochrosit, Rutil, Sodalith, Sonnenstein, Smithsonit, Vesuvian, Zeolith.
Lernschwierigkeiten: Amethyst, Antigorit, Aragonit, Bergkristall, Chalcedon, Chrysoberyll, Diamant, Disthen, Fluorit, Lapislazuli, Peridot.
Liebe entdecken: Chalcedon rosa, Covellin, Chrysopras, Dioptas, Rosenquarz, Granat,

Kunzit, Kupfer, Larimar, Moldavit, Petalit, Rosenquarz, Smaragd.

Liebe, bedingungslose: Danburit, Magnesit.

Liebeskummer: Amethyst, Chrysopras, Halit, Prasem, Rosenquarz, Serpentin, Smithsonit.

Loslassen: Apophyllit, Chrysokoll, Danburit, Gips, Halit, Lepidolith, Moosachat, Silber, Skapolith, Zeolith, Zoisit.

M

Mann sein: Ametrin, Hämatit, Eisenkiesel, Jaspis, Magnetit, Rauchquarz, Rubin, Rubin-Zoisit, Spinell, Zoisit.

Maß halten: Anhydrit, Chrysokoll, Gagat, Mookait, Prasem.

Medialität: Azurit, Chrysoberyll, Mondstein, Moldavit, Obsidian.

Meditation: Heliotrop, Kalkoolith, Magnesit, Nephrit, Obsidian, Prehnit, Schneequarz, Serpentin.

Melancholie: Biotit, Gagat, Gaspeit, Granat, Onyx, Thulit, Türkis, Vivianit.

Missbrauch: Lepidolith, Obsidian, Rhodonit, Smithsonit.

Mobbing: Ägirin, Augit, Muskovit, Falkenauge, Fluorit, Halit, Saphir, Sardonyx, Turmalin.

Mondsüchtigkeit: Achat, Amethyst, Mondstein, Silber.

Motivation stärken: Beryll, Cavansit, Citrin, Rubin, Smaragd, Sodalith.

Motiv erkennen: Gold, Malachit, Psilomelan, Schwefel, Tigerauge, Turmalin.

Müdigkeit: Bergkristall, Diamant, Feueropal, Heliotrop, Moqui Marbles, Rubin, Tigereisen, Variscit.

Mut: Adamin, Baumachat, Biotit, Bornit, Charoit, Citrin, Danburit, Diamant, Dumortierit, Eisenkiesel, Granat, Hämatit, Jadeit, Jaspis, Karneol, Marmor, Moosachat, Richterit, Rubin, Sardonyx, Spinell, Sugilith, Thulit, Tigereisen, Türkis.

N

Naturliebe (und Verbundenheit): Alexandrit, Aventurin, Blauquarz, Magnetit, Moosachat, Serpentin, Silber, Smaragd, Sphärolithischer Chalcedon.

Nervosität, innere Unruhe: Achat, Aragonit, Amethyst, Aventurin, Bergkristall, Bernstein, Bronzit, Chiastolith, Chrysokoll, Disthen, Dumortierit, Falkenauge, Heliotrop, Jaspis, Kupfer, Lepidolith, Magnesit, Silber, Smaragd, Topas, Turmalin, Zoisit.

Neuorientierung: Aktinolith, Alexandrit, Charoit, Danburit, Fluorit, Halit, Granat, Lazulith, Peridot, Tansanit.

Notsituation: Chrysoberyll, Danburit, Obsidian, Rauchquarz, Rhodonit, Strontianit.

Nüchternheit: Aventurin, Azurit, Bergkristall, Chiastolith, Chrysokoll, Cordierit, Gips, Jamesonit, Onyx, Prasem.

O

Offenheit/Aufgeschlossenheit: Azurit, Bernstein, Beryll, Cavansit, Chalcedon, Chalkopyrit, Erdbeerquarz, Halit, Hemimorphit, Kunzit, Labradorit, Larimar, Moldavit, Mookait, Mondstein, Rosenquarz, Rutil, Sodalith, Turmalin, Zitronen-Chrysopras.

Opferhaltung: Disthen, Rhodonit, Türkis, Feldspat, Larimar.

Ordnung, innere: Bergkristall, Feldspat, Fluorit, Granat, Labradorit, Pyrit.

Ordnungsliebe: Beryll, Charoit, Chalcedon, Chalkopyrit, Erdbeerquarz, Lapislazuli, Perle.

Originalität / unkonventionelle Ansichten: Chalkopyrit, Cavansit, Kakoxen, Moldavit, Pietersit, Psilomelan, Pyrit, Rutil, Turmalin.

Organisationstalent: Beryll, Calcit, Chrysoberyll, Lapislazuli, Rubin, Saphir.

Orientierungslosigkeit: Beryll, Halit, Magnetit, Lapislazuli, Rhyolith, Sardonyx, Turmalin.

P

Pragmatismus: Achat, Hämatit, Porphyrit, Rubin.
Präsenz/Geistesgegenwart: Amethyst, Aragonit, Bergkristall, Diamant, Fluorit, Halit, Jamesonit, Karneol, Kunzit, Petalit, Purpurit, Rauchquarz, Rhodonit, Saphir, Sardonyx, Turmalin, Wollastonit, Zoisit.
Prioritäten setzen: Fluorit, Granat, Rauchquarz, Zirkon.
Prüfungsangst: Ametrin, Chalcedon, Citrin, Falkenauge, Feldspat, Jadeit, Moldavit, Pyrit, Rutil.
Psychedelisch: Feldspate, Obsidian, Mondstein, Moldavit.
Psychische Störungen: Anhydrit, Chrysoberyll, Diamant, Gagat, Galenit, Hiddenit, Saphir, Sugilith, Zirkon.

R

Raumgefühl: Moqui Marbles, Sphen, Topas, Turmalin.
Reaktionsvermögen: Calcit, Chalcedon, Feueropal.
Realitätssinn: Achat, Aragonit, Azurit, Bergkristall, Chiastolith, Chrysoberyll, Fluorit, Jaspis, Karneol, Labradorit, Onyx, Staurolith, Ulexit, Versteinertes Holz.
Regeneration: Bronzit, Epidot, Hämatit, Magnetit, Moqui Marbles, Porphyrit, Serpentin, Zoisit.
Reichtum: Dioptas, Labradorit, Malachit, Perle, Rubin.
Reinheit: Jadeit, Perle.
Reisen: Beryll, Mookait, Türkis.
Reizbarkeit: Beryll, Cavansit, Chalcedon, Gips, Heliotrop, Magnesit, Moosachat, Opal, Peridot, Rauchquarz.
Romantik: Chalcedon rosa, Opal, Rosaquarz.
Routine: Bronzit, Cavansit, Cordierit, Lapislazuli, Prehnit, Pyrit.
Rückführungstherapie: Azurit-Malachit, Coelestin, Labradorit, Lapislazuli, Obsidian, Petalit, Perle.
Ruhe finden: Achat, Amulettstein, Apophyllit, Bernstein, Blauquarz, Bronzit, Chalcedon, Citrin, Cuprit, Dumortierit, Enstatit, Muskovit, Labradorit, Larimar, Mookait, Moosachat, Perle.

S

Sachzwänge: Cordierit, Granat, Lapislazuli, Rauchquarz.
Schamgefühle: Granat, Opal, Prasem, Rhodochrosit, Rhodonit, Thulit, Zeolith.
Schock verarbeiten: Obsidian, Rauchquarz, Rhodonit, Tektit.
Schreckhaftigkeit: Bergkristall, Jaspis, Obsidian, Serpentin, Türkis.
Schüchternheit: Chalcedon, Lapislazuli, Lepidolith, Moldavit, Onyx, Opal, Rhodonit, Rhodochrosit.
Schuldgefühle: Alunit, Apophyllit, Chiastolith, Chrysokoll, Covellin, Larimar, Opal, Peridot, Purpurit, Rhodonit, Saphir, Sodalith.
Selbsterkenntnis: Bergkristall, Chalkopyrit, Covellin, Fluorit, Markasit, Pyrit.
Selbstheilungskräfte: Bergkristall, Epidot, Dioptas, Jadeit, Peridot, Turmalin.
Selbstlosigkeit: Apophyllit, Danburit, Hemimorphit, Orthoklas, Serpentin, Silber, Smaragd, Sodalith, Ulexit, Zeolith.
Selbstmitleid: Bergkristall, Bernstein, Chrysopras, Citrin, Epidot, Gagat, Rauchquarz, Rhodonit, Smithsonit, Sonnenstein, Türkis.
Selbstüberwindung: Granat, Lazulith, Pyrit, Rauchquarz, Thulit, Vanadinit, Zirkon.
Selbstverwirklichung: Biotit, Dolomit, Hornblende, Jadeit, Sphen, Topas, Turmalin.
Sicherheitsbewusstsein: Achat, Beryll, Diamant, Moldavit, Onyx, Rhyolith, Sardonyx, Zirkon.

Sinnfragen: Bergkristall, Chloromelanit, Coelestin, Lazulith, Moldavit, Orthoklas, Smaragd, Sodalith, Topas, Vesuvian, Zirkon.
Sorgen loslassen: Apophyllit, Astrophyllith, Aventurin, Dolomit, Feldspat, Flint, Labradorit.
Soziale Einstellung: Chalcedon, Jadeit, Karneol, Koralle, Kupfer, Moosachat, Moqui Marbles, Opalith, Sarder, Smaragd, Sodalith, Siderit.
Spannung lösen: Antimonit, Apophyllit, Astrophyllith, Aventurin, Cerussit, Chrysopras, Hornblende, Koralle, Pyrit, Rauchquarz, Serpentin, Zirkon.
Spiritualität: Amethyst, Apophyllit, Azurit, Coelestin, Creedit, Diopsid, Ilmenit, Kupfer, Lazulith, Meteoreisen, Moldavit, Prehnit, Silber, Sphen, Zirkon.
Spontaneität: Bernstein, Cavansit, Disthen, Feueropal, Hämatit, Meteoreisen, Moldavit, Opal, Prehnit.
Standfestigkeit: Andesin, Baumachat, Bergkristall, Calcit, Gagat, Jaspis, Karneol, Limonit, Rubin, Versteinertes Holz.
Stärke, innere: Adamin, Brookit, Chloromelanit, Cerussit, Citrin, Diamant, Rhodonit, Rubin, Saphir, Tansanit, Turmalin, Zirkon.
Singen: Chalcedon, Goethit-Quarz, Rubin, Türkis.
Stottern: Bernstein, Chalcedon, Chrysoberyll, Falkenauge, Karneol, Mookait, Sarder, Türkis.
Stress, gegen: Achat, Beryll, Blauquarz, Bronzit, Disthen, Dumortierit, Fuchsit, Gips, Howlith, Jadeit, Jaspis, Labradorit, Lepidolith, Onyx, Rauchquarz, Serpentin, Tigerauge, Tugtupit, Wollastonit.
Sturheit: Atacamit, Beryll, Dumortierit, Granat, Obsidian, Türkis, Stromatolith.
Suchtverhalten: Amethyst, Bergkristall, Kassiterit, Diamant, Dumortierit, Fluorit, Moosachat, Pyrit, Rauchquarz, Zirkon.
Suizidgedanken: Citrin, Diamant, Sugilith.
Sympathie erwecken: Enstatit, Chalcedon, Opal.

T

Tabuthemen: Granat, Lapislazuli, Obsidian, Petalit, Schwefel.
Taktgefühl: Chalcedon, Goethit-Quarz, Lapislazuli, Rosenquarz, Silber.
Tatkraft: Calcit, Charoit, Eudialyt, Flint, Goethit-Quarz, Hämatit, Jaspis, Magnetit, Marmor, Meteoreisen, Mookait, Moqui Marbles, Nephrit, Peridot, Praseolith, Rubin.
Toleranz erhöhend: Aventurin, Biotit, Bronzit, Chalcedon, Dumortierit, Gagat, Hiddenit, Hornblende, Kunzit, Moqui Marbles, Opalith, Rhyolith, Rutil, Serpentin, Turmalin, Turmalinquarz, Zeolith.
Traditionsbewusstsein: Bernstein, Granat, Granit, Jadeit.
Trauerbewältigung: Albit, Amazonit, Amethyst, Bronzit, Chrysoberyll, Diamant, Diopsid, Dumortierit, Gagat, Jadeit, Moldavit, Onyx, Peridot, Perle, Rauchquarz, Rhodonit, Turmalin, Vanadinit, Variscit, Zirkon.
Traumatisierung: Bergkristall, Obsidian, Perle, Prasem, Rhodonit.
Träume erinnern: schwarzer Amethyst, Astrophyllit, Bergkristall, Disthen, Mondstein.
Träume intensivieren: schwarzer Amethyst, Charoit, Eudialyt, Jaspis, Kupfer, Malachit, Moldavit, Perle, Rhodochrosit, Rhyolith.
Trennungen: Konichalcit, Jadeit, Zirkon.
Treue: Diamant, Dumortierit, Lapislazuli.

U

Übergeordneter Gesichtspunkt: Chrysoberyll, Erdbeerquarz, Fluorit, Fuchsit, Larimar, Lapislazuli, Obsidian, Strontianit.

Literatur

Gienger, G.: Heilsteine, Saarbrücken 2003

Kühni/von Holst: Enzyklopädie der Steinheilkunde, Aarau 2003

Melody: Das Handbuch der Edelsteine und Kristalle, 1998

Sienko, Sofia: Die neuen Heilsteine, Aitrang 1998

Über die Autoren

Werner Kühni

1949 in Heidelberg geboren, Heilpraktiker und Psychotherapeut. Ausbildung in Chakra-Diagnostik, Homöopathie und Chakra-Therapie, in Mind-Control und Hypnose; intensive Beschäftigung mit der Aromatherapie. Dozent an einer Heilpraktikerschule sowie an verschiedenen Volkshochschulen. Verkauf hochwertiger ätherischer Öle sowie ausgesuchter Mineralien und Heilsteine, Heilsteinberatung und mineralogische Bestimmung. Buchautor und Ausstellungsmacher, Vortrags- und Kurstätigkeit in klinischer Aromatherapie, Steinheilkunde und Klangschalen-Therapie.

Walter von Holst

1969 in Stuttgart geboren, künstlerische Ausbildungen. Erforscht und praktiziert Steinheilkunde seit 1989, erschloss viele Mineralien für die Therapie. Mitbegründer und Vorstand des Steinheilkunde e.V. Stuttgart, Initiator u. a. des Forschungsprojekts Steiheilkunde, langjährige Seminar- und Vortragstätigkeit, Dozent an Heilpraktikerschulen. Entwickelte eine vollständige Edelstein-Astrologie und verschiedene therapeutische Methoden mit Mineralien. Geschäftsführer von Steinkreis, einem Seminarzentrum und Fachgeschäft für Heilsteine, Kristalle und Gesundheitsprodukte.

Wenn Sie uns Ihre persönliche Erfahrung zu einzelnen Steinen mitteilen möchten, Interesse an einer Fortbildung haben, uns für einen Vortrag einladen möchten oder ein individuelles Edelsteinhoroskop beziehen möchten, wenden Sie sich bitte unter Angabe von Adresse, Telefon, Fax und E-Mail an:

Werner Kühni
Kirchenstraße 47
D-68526 Ladenburg
Telefon 06203-922974
E-Mail: lavandinum@gmx.de
www.lavandinum.de

Walter von Holst
Steinkreis
Kornbergstr 32, D-70176 Stuttgart
E-Mail: taschenlexikon@steinkreis.de
www.steinkreis.de
www.edelstein-heilkunde.de

Das derzeit umfassendste Werk zur Steinheilkunde und deren Randgebiete beschreibt fundiert auf 576 Seiten und illustriert mit über 900 farbigen Abbildungen alle bekannten therapeutisch relevanten Heilsteine mit Quellenangaben und ihren Beziehungen zu anderen Methoden wie Astrologie, Bachblüten, Chakren, Homöopathie oder Feng Shui.

Die Grundlagen der Steinheilkunde

Die Mineralogie wird zum spannenden und detaillierten Deutungssystem für den Einfluss des Minerals auf den Menschen. Aus Fakten wie Entstehung, Inhaltsstoffe und Kristallsystem lassen sich nach dem Analogieprinzip die Heilwirkungen ableiten.

Die Praxis der Steinheilkunde

Aktuelle Wissensgebiete wie Feng Shui, Fünf-Elemente-Lehre, Organuhr, Chakrenlehre, Geomantie, Astrologie, Hildegard-Medizin, Wasserbelebung u. v. m. werden mit Steinen verknüpft. Es finden sich zahlreiche bewährte und neuartige Behandlungsmethoden sowie Beratungskonzepte.

Register

Das Verzeichnis umfasst alle 4200 wissenschaftlich definierten Mineralien als mineralogischen Steckbrief, ein Register der 600 Handelsnamen und ein umfassendes Literaturverzeichnis.

Werner Kühni
Walter von Holst
Enzyklopädie der Steinheilkunde
576 Seiten, ca. 900 Abb., gebunden
AT Verlag
ISBN 3-85502-935-0

Bücher aus dem AT Verlag

Richard Kellenberger, Friedrich Kopsche
Mineralstoffe nach Dr. Schüssler
Ein Tor zu körperlicher und seelischer Gesundheit

Christine und Richard Kellenberger
Äußere Anwendungen der Mineralstoffe nach Dr. Schüssler
Berühren und Berührtwerden

Martina Fuchs
Feng Shui Jing
Feng Shui und die Kraft der Steine

Gudrun dalla Via
Lichtwässer und ihre Heilkräfte

Enza Maria Ciccolo
Lichtwasser – Wasser der heilenden Liebe
Forschung, Grundlagen und ganzheitliche therapeutische Konzepte

Susanne Fischer-Rizzi
Himmlische Düfte
Aromatherapie – Anwendung wohlriechender Pflanzenessenzen und ihre Wirkung auf Körper und Seele

Susanne Fischer-Rizzi
Botschaft an den Himmel
Anwendung, Wirkung und Geschichten von duftendem Räucherwerk

Christian Rätsch
Weihrauch und Copal
Räucherharze und Hölzer – Ethnobotanik, Rituale und Rezepturen

Rippe, Madejsky, Amann, Ochsner, Rätsch
Paracelsusmedizin
Altes Wissen in der Heilkunst von heute

Roger Kalbermatten
Wesen und Signatur der Heilpflanzen
Die Gestalt als Schlüssel zur Heilkraft der Pflanzen

Peter Oplliger
Naturheilkunde
Geheimnisse der natürlichen Heilkräfte,
ihre Wirkungsweisen und Anwendungen

AT Verlag
Stadtturmstrasse 19
CH-5401 Baden
Telefon +41 (0)58 200 44 00
Fax +41 (0)58 200 44 01
E-Mail: at-verlag@azag.ch
Internet: www.at-verlag.ch